THIRTEEN TO NINETEEN
Discovering the Light

父母，与你的青春期孩子同行吧

［英］朱利安·斯雷 Julian Sleigh / 著　阎微平 / 译

华夏出版社
HUAXIA PUBLISHING HOUSE

目 录

001　与这本书的缘分

005　中文版序

009　前　言

001　第一章　扬起风帆
我们常常看到的是问题和困难,而不是那些发生在这些年里的令人惊叹的生命展露。

009　第二章　是成为推动水车的水流还是急剧的漩涡
有洞察力的父母会看穿盔甲,以尊重、带有兴趣的和敏感的关注来对待初生的生命。

023　第三章　保持内心的笃定
成为青春期孩子的父母意味着检视自己爱的力量和自信的力量,这种自我检视有助于自我认知。

033　第四章　迎风而上
年轻人不是三天就从少年猛然长成青年的,但这个变化也不会需要太多时间。

043　第五章　青春期年龄表
拥有知识和信念,拥有一颗充满勇气的心,年轻人就能有更好的未来。

077　第六章　成长路上的路标

年轻人开始抓住缰绳，驾起自己的马车出发，是时候来明确第一波可实现的目标，并开始朝着这些目标努力了。

101　第七章　进入宽广的洪流中

现在是让他展翅飞翔，出发去远方的最佳时机。他必须出发，准备好去迎接那些可能发生在他身上的事和他所期待遇到的境况。

113　第八章　新的地平线

一旦它在某种程度上被文化和教育所驯服，它的丰富多彩性就会让个性生动活泼起来。

121　第九章　三颗星星的闪耀

在青少年的生命里，有三种品质开始被编织进来，它们也被编织进了这本书的字里行间。它们分别是判断、兴趣和道德。

133　第十章　狂风暴雨

青春期的孩子就是这样，和他的父母一起，以及和所有其他人一起航行，经历青春期航行中那些令人兴奋的时刻。

161　第十一章　并肩同行

被遇见的年轻人将不会忘记这样的相遇，其价值将与他同在，将支撑他的一生。

171　第十二章　停港靠岸
　　以后他们将会告诉你,你的坚信,还有你的自我修炼,对他们是何等重要。你将会通过持续的自省、努力来证实这一切。尤其是,你将会证实你的爱。

与这本书的缘分

几年前，我在一家有机商品店铺的图书架上看到了这本书，当时我的大女儿已经十三岁了。面对她迈进生命成长过程中的新阶段而产生的变化，我当时感觉到有些力不从心。尽管我已经开始为这青春期的到来做了些准备，也专门向一些资深的老师请教过，但在面对孩子实际发生的状况的时候，还是有些力所不及了。于是，我就买了这本书，来学习孩子们在十三到十九岁期间到底发生了什么，作为妈妈，我能怎么做。

读了一遍之后，我的心里踏实了很多。作者的文字细腻，从一个父亲的角度来讲他陪伴五个孩子成长的经历和心得，简单的话语中流露着耐人寻味的生命哲理，有令人茅塞顿开的感觉。我当时就有了一个念头：要是有人愿意将这本书翻译成中文出版就好了，这样，中国的朋友就可以读了。虽然有这个想法，但自己并没有很大的意愿和勇气去做这件事，因为我总觉得要把一本书翻译得有生命力，既要达意还要传神，需要把原著从里到外地"咀嚼"，要反复地推敲，这是一个需要极强的毅力和安宁的心神的工作，我觉得自己还做不到。

后来应朋友之邀，作为一个青春期孩子的妈妈和领导力发展的研究者，我做了几次关于青春期的分享，开办了工作坊。有时候，我会翻开这本书来厘清我的理解，发现这本书越看越有内容；这本书的篇幅不长，但涵盖了许多内容点。在阅读的时候，我时不时地会有这样的想法冒出来：这个讲得真到位，中国的青春期孩子的父母们能看到这本书的话该多好啊！但一想到笔译工作的高要求，那一点激情就散去了。

可是我与这本书的缘分却在延续。

一个偶然的机会，我留意到我在2015年的健康与教育研讨会（Kolisko研讨会）上认识的琼·斯雷（Joan Sleigh）老师和作者同姓，于是就发邮件询问，她回信说她就是书中五个孩子中的一个，瞬间，这本书似乎变活了。回想琼·斯雷老师身上带着的温暖、坚定的力量，我猜想着琼·斯雷老师是排行老几呢，哪段故事是关于她的呢？其他四个孩子经历了充满波折的青春期后，现在都发展得如何？2019年5月，在与荷兰传记学院的尤心（Josein）老师的合作中，她也提及了这本书，而且她还是琼·斯雷老师的朋友。记得尤心老师当时说，这本书里的每一句话都说到点上了，希望家长们都能看到这本书。谈到中国的青春期孩子的父母，尤心老师极力推荐把这本书翻译成中文。在尤心老师的鼓励下，我做了决定：把这本书翻译成中文出版。

整个翻译过程也是有起有伏，但让人高兴的是，这本书终于与您见面了！

一路走来，我得到了家人和朋友们的支持，由衷地感激他们的支持和理解！在我不是非常清晰作者表达的意思时，我先生默里·比斯利（Murray Beasley）竭力相助，细致地讲解，帮助我理解原文作者的意思；华夏出版社的编辑王凤梅和卢莎莎提供了修改范例，使译文的表达更严谨并接近中国读者；朋友一凡花时间看我的通篇译稿并给出反馈；还有我的女儿朱莉亚（Julia），她使得我能有机会借由青春期的议题发现自己，使自己变得完整，去深入探究生命成长中的奥秘。

最后，我希望您在阅读中能收获作者朱利安的智慧，借由与这本书的缘分，开启一段新的生命里程。因为这本书不仅仅是关于青春期的，它也触及了人性和关系的本质。

阎微平

2021 年 7 月

中文版序

朱利安·斯雷在四十年前写了这本书，当时的世界与现在可不同！

在书的结尾，他建议父母们打开家庭相册，看看相册是如何讲述青春这个故事的。几乎没有人再用朱利安的方式——了解并珍爱那些照片——去使用相册，因为现在相册大多存储在虚拟空间中。在谈到父母们的角色时，他进一步声称："你提供着这样一个宁静的中心：围绕着这个中心，孩子们开展着在新领域的各式探险。"这在今天似乎变得更加困难，因为，首先，我们都被世界加速变化的洪流所席卷；其次，按照当前新冠疫情的防疫规定要求，许多家庭被限制在家中。当前的全球形势将工作和休闲、教育和娱乐、家庭和友谊推向了一个新的奇怪的现实：在人们把自己搁置于不真实且不可预测的数字化世界里的时候，活动空间却被限制在家中。这种状况经由什么改变着父母与青少年之间的关系的品质和互动？——可能借由对更加亲密的交流的需求，或者对定义更清晰的空间边界的需要。

尽管现状如此，我认为朱利安的结束语仍然适用："以后他们将会告诉你，你的坚信，还有你的自我修炼，对他们是何等重要。你将会通过持续的自省、努力来证实这一切。尤其，你将会证实你的爱……这段时间正是爱的修炼期。"

我作为朱利安的二女儿，反思他的建议，我确认这些建议仍然适用于这个不断变化的世界。我在这里简要地介绍一下第一章中描述的几位青少年的现状。为了回报父母的爱和投入以及他们所做出的内在转化，这五个从父母身上极大地受益的青少年，没有将鲁莽的青春期里的艰难带到成年期，他们已经成为具有创新精神的独立个体，每个人都以自己的方式参与到生活和社会中。

长女是一位睿智的艺术家和企业家。她设计、制作珠宝，运用她对神圣的几何学、命理学和动物智慧的深刻理解，用天然材料制作艺术作品。排行老二的女儿早早有了孩子，找到了进入教育和教师培训领域的道路，然后在位于瑞士的人智学学会担任管理职务。她用她对人类和社会变革事业的深切热爱和投入回报她的父母对她的养育之恩。第三个女儿进入了财务领域，做了开普敦华德福学校的会计。现在她已经有了自己的公司，做天然化妆品和身体护理，研究与皮肤类型和皮肤衰老相关的物质的细微差别。

老四，也是唯一的儿子，学习了社会科学，经营过自己的设计和出版公司，后来成了西海岸坎希尔康复村（Camphill Village West Coast）的总经理，从而传承并进一步发展了其父母朱利安和雷娜塔·斯雷的人生目标。最小的女儿接受了糕点和甜点厨师培训，同时也是营养师。她在开普敦拥有并经营一家被顾客高度认可的面包、糖果店，这家店也是自助餐厅，为日益增多的有过敏问题或饮食偏好的人提供所需。

总之，我们都知道，世界和人类都处于不断发展和转化之中。尽管如此，父母与青春期成长起来的个体之间的微妙关系，也许比以往任何时候都常见，在全世界都比较普遍，同时，这份关系使健康独立的成人能发挥独特的主体能动性。从这个意义上看，我想说，即使在四十年后，朱利安提出的"与父母们的对话"，其重要性依然不亚于四十年前。

琼·斯雷
2021年6月

前　言

没有哪一本书能够把与青春期有关的主题讲得足够充分，我所做的无非也是从我自己养育青春期孩子的经历中沉淀一些想法和洞见，汇集成书分享给读者。我希望此书能帮助到所有的读者，也希望所有读者重视和享受孩子们青春岁月里的惊奇，尽管这些时光中包含着艰难的过渡。

我曾想把这本书取名为"扬帆于青春岁月"，但是认识到这个书名可能会给人这样的印象：这段岁月过得蛮容易的。于是放弃了这个书名。不过，我还是把"扬起风帆"用作其中一章的标题。

我衷心感谢琳·兹穆博勒（Lin Zimbler），她和我一起梳理了通篇内容，提供了许多至关重要的建议；感谢尼娜·罗利（Nina Rowley），她做手稿的输入工作，并提出了大量的问题，借由这些问题，我们改善了书里的文字表达；还要谢谢我的妻子雷娜塔（Renate）和我们五个性格迥异的孩子，是他们带着我经历了这段岁月。在这段岁月里，我体验了养育子女的经历，经历了这段让人难以置信的磨炼岁月。

朱利安·斯雷

第一章

扬起风帆

我们常常看到的是问题和困难,而不是那些发生在这些年里的令人惊叹的生命展露。

第一章 扬起风帆

在人的成长过程中，没有哪个过渡期是容易的，在从童年进入成年之前的七年里，生命的变化尤为剧烈。我们应该一起探寻，去回顾那些发生在一个人青春岁月里的事件，那些指向一个人内在的、神秘且深刻的内心活动。在这段岁月里，人们会遇到各种困难，但不必把这些困难看成是使这段时期的生命之光黯然失色的障碍——就如同影子一样，这些困难会唤醒我们，让我们看到其背后的光。无论是孩子还是父母，都可以好好地享受青春期的这几年时光。在这些年里，我们会看到很多的成长和展露；当每迈出的一步都被悦纳，我们就能理解这一步的意义。然而，我们常常看到的是问题和困难，而不是那些发生在这些年里的令人惊叹的生命展露。

我不是站在专家的位置上来跟你分享这些想法和感受，我既不是老师，也不是心理学者。我写书的主要灵感源于我的五个孩子和交织于我们家庭成员之间的爱。在我写这本书的时候，我的三个女儿和一个儿子已经走过了他们的青春期，只有最小的女儿还有两年才过完她的青春期。他们是在前后跨度十年的期间出生的，而且他们在穿越青春期迷宫的时候，每一位都走了不同的路径，相互之间存在着巨大的差异。

我和我妻子曾为给他们提供一个安全、适宜的童年成长环境而努力着。我们在一个有乡村环境的居住区里工作，这个工作为我们提供了比较舒适的生活。这里有阳光和大自然，我们的孩子们享受着大量的户外活动，他们经常游泳和骑行。那个社区有良好的治安、宗教氛围、节日庆典和乡村式生活，而且去附近那座美丽的城市（开普敦）也很方便。不管我们的工作有多忙，我们都会为彼此安排出时间。孩子们都有各自同龄的伙伴，和朋友们相伴着长大。他们的老师们也是全身心投入、非常用心的人。孩子们有机会发展他们的音乐以及其他艺术天赋，他们的社交和实践技能也得到了发展。然而，波涛汹涌的大海，有时甚至是非常狂暴的大海，等待着他们一个接一个地启航，驶出

那被保护着的童年港湾。

我们的大女儿在学习上遇到了一些困难,她应对不了她的学业。她在十二岁的时候,不得不离家去上辅正学校①。然而,她刚到辅正学校就遇到了一些问题:那位负责照看她的老师原来是个酒鬼。尽管我们的大女儿经过有针对性的辅正帮助在学业上有所收获,但她仍然对学校里的经历深深地感到不快,并且提前离开了学校,去到北爱尔兰,在亲戚家的农场里做工。所以,她的青春期里有近四年的时间是离开家的,她一直被缺乏成就感所困扰。然而,所有这些经历使她滋生出对人的本性的洞悉,由此,她成长为一个具有洞察力和敏锐感受的人。她克服了大多数的学习困难,而且还发展出了她天生的艺术能力,并让其有用武之地:她在珠宝首饰制作和室内设计领域获得了资格认证。她在青春期的大部分时间里经历着漂泊不定,这造成了她大量的焦虑;然而作为父母,我们对减轻她内在的痛苦挣扎感到无能为力。

我们的二女儿上学时非常优秀,她似乎会在学术性的

---

① 英文原文是 remedial school,是专门针对有学习障碍、不适合在主流常规学校学习的学生而开办的一种学校,但它不同于供残障人群上学的特教学校。——译者

职业上发展得不错，但是她在十六岁半时怀孕了。接下来的一年里，她被做妈妈和准备高考这两件事割裂着，最终不得不放弃所有那些能继续深造的规划。从常规来讲，她本可以用那段时间来拓宽对世界的体验，并且丰富个人经历，而她却被猛然扔进了成年人的生活，她不得不快速地长大。她二十一岁成家，有了更多的孩子，她的全部生活变成了做妈妈、抚养孩子。但是，所有这些人生考验都成就了她个性中顽强的毅力。

我们家中的其他孩子也曾接触毒品和酒精，这在青春期的后期似乎不可避免（如果没有在青春期的头几年发生的话），但他们还是能够从这些诱惑中转身，把握住他们自己，在这个过程中发展出了强烈的社会化成熟冲劲。我家的三女儿学习了社会学，现在在各区镇做化解冲突的工作，这是当前在开普敦地区被高度需要的一项工作。我们的儿子完成了他的欧洲之旅，并获得了厨师资格证书。他曾在一个有着繁重工作量的饭店厨房里工作，经历了各种压力；他也曾在伦敦的夜总会做过一段时间的酒保，目睹了那些逃避现实的人的故作诙谐以及那些没有目标和陪伴的人的悲伤。他在青春期结束之前，在见证了所有这些之后，做出了一个决定：上大学，学习社会科学。我们最小的女儿成功地完成了她的学业，她的主要目标是独立和获得实用的技能。但是，想要从学校毕业后变得自由，就得去接受培训和挣钱。

幸运的是，我们作为父母，从来没有关闭过和孩子之间的沟通渠道。而且，他们兄弟姐妹之间会互帮互助。他们每一个人都有自己的朋友圈，可以和自己的朋友一起讨论分享他们的经历。更重要的是，他们也能看出来：不管我们是怎样地不愿意看到他们不得不经历的那些事，我们依然相信有一个内在的指引会适逢其时地引领他们。他们中的每一位都生发出这样的意识，那就是：年轻人要对他自己的生命负责，必须准备好去迎接挑战，把自己所获得的每一个资源都用起来。当我们看到这样一个结果的时候，我们感到心安：我们在以一种适宜孩子成长的方式抚养他们长大的过程中，所付出的努力最终都没有白费。在孩童的时候，他们依赖于外界的给予，而现在，他们成了别人可以依靠的成年人。

我们家得到过非常多的支持，但也未能幸免于这些磨难，对于一个没有得到那么多支持的家庭来说，青春期带来的考验一定会多很多！我们如何才能证明本章开头提出的主张是正确的呢——青春期的岁月是可以享受的？

第二章

是成为推动水车的水流还是急剧的漩涡

有洞察力的父母会看穿盔甲，以尊重、带有兴趣的和敏感的关注来对待初生的生命。

第二章　是成为推动水车的水流还是急剧的漩涡

对于任何一位年轻人来说，青春期都是一段戏剧性的时光，对父母来说也是如此。理解青春期里的剧烈变化的一个途径，就是父母去回看自己在青春期的时候发生过什么。那段时间里发生的变化对父母影响巨大，使他们整个人面临挑战，有时候会触及他们生命最核心的部分。

如果父母对他们自己的态度变得更有觉知，并且观察他们自己对事件的反应，那么这样的父母就有能力应对孩子青春期时的挑战。就拿父母的焦虑来说吧，当孩子青春期的迹象开始显露时，父母的焦虑担忧就开始了，因为父母们下意识地知道他们的孩子会暴露于许多危险之中。其实，生命中的每一步都有它自己的危险，那为什么我们对青春期有特别的担忧呢？

担忧是不可避免的，但这背后更微妙的原因关乎父母自己内心的平静。青春期的孩子开始走近我们，而且还竖起了一面镜子。通过这面镜子，父母会发现他们得回看他们自己的人生：这面镜子反射出来的不是他们现在的样子，而是他们自己当年青春期时的样子。这时候可能会是父母们平生以来第一次回看那段经历并且问自己的时期："我的青春期曾是怎样的？我已经完全从当年让我感到不安的状态中走出来了吗？我压抑了某些恐惧和愧疚吗——因为当时我觉得我应该那么做，或者因为其他人让我那样做？现在我面对我的儿子或者女儿的青春期，我那些还未被了结的情绪又生发出来了吗？"父母有可能把他们的情绪投射到他们的孩子身上，而不是承认这些情绪源于自己。如果父母能够拿起这面镜子并且看见自己的话，那么他们将会有进一步的发展。

过激反应说明自身有尚未了结的内在冲突。如果父母们承认他们自己封闭起来的那些压力，并且努力地去化解它们，那么孩子青春期引起的威胁就会少很多。由此换来的内在平静要感谢这样的现实：家里有一位（或几位）青春期的孩子。

父母害怕对自己的儿子或者女儿失去控制的恐惧心态

切实地存在着。父母要做的就是设法解决这份恐惧，如果这份恐惧潜伏在一个人的心魂里，那么需要非常诚实地对待它。对于一个孩童来说，父母就是最高的管治者，但是父母不能单单管控青春期的孩子。所有的父母都会经历这样一个令人苦闷的过程：认识到他们对孩子不再拥有完全的控制权。这意味着父母们必须"退位"吗？许多父母采取了"退位"的方法。但是如果把管治转变成支持性的指引，就会由此形成一种新的关系。管治的标志角色是"国王"，要代替管治需要更多的关爱、支持和陪伴，这样就产生了"牧羊人"的角色。

　　这样，我们就有了国王和牧羊人这两个形象。做一名国王所需要的特质涉及权威以及在必要时维护权威的能力。为了获得和维护这份权威，国王必须要有知识和智慧，还要有很高的自我修养。他是受敬仰的榜样，必须有足够的智慧，不仅能听从自己内在的指引，还能听取外在的信息和观点，而且能够不受个人私利和权力欲求的影响而做出决策。国王必须是一名哲人和武士，一名法官和心理咨询师，一名承载着其"子民"命运的统治者和仆人。他还要足够开明，迎接他的"太子"和其他后裔们日渐成熟，有意识地让年轻一代为他们将要肩负的任务做好准备。这国王般的品质同时产生了秩序和自由。他头顶王冠，彰显着他的思考之力，富足且高贵，他身着华丽的衣服，住在宫殿里。

牧羊人熟知他所在地的地形和他的羊群，他对他的羊群和所在地有着恰到好处的兴趣和爱。他内在平和，而且这份平和环绕在他四周；这份平和帮助他的羊群茁壮成长。他关注着天气，知道如何去适应一年里变换的四季，他还保护羊群不被潜伏的狼叼走。他关照着、感受着，而且在照看羊群的事务中注入他的心力。他的衣着简朴耐穿，是专门为户外活动而制作的，他的住处是放牧场附近的小屋。

父母们，你具有上述这些品质吗？是国王的还是牧羊人的某个品质呢？尽管在理想情况下，父母双方都应该具有组合得当的品质。有人可能会说，孩童需要父亲的国王品质和母亲的牧羊人品质。对于养育青少年的父母来说，他们需要融合这两种品质，都要做"国王般的牧羊人"。成长中的孩子会在那些他认为是榜样的人身上寻找独立自主、自控和自知，他不想被管治；他寻找着这样的人，这些人自己管理自己，这样的人能够给予孩子所需要的保护，而且不会剥夺孩子的自由。年幼些的孩子需要指挥，从父母的权威里获得安全感；而青少年应该被赞美，他会在父母

第二章 是成为推动水车的水流还是急剧的漩涡

给他的引导和赞扬中茁壮成长。[①] 这正是"支持性的指引"的意义。

在青春期这段过渡期,父母们不得不面对自己角色的调整,这个调整具有深远的意义。在国王或者王后的概念中,隐含着这样的原则:他们有权决定一个主体的人生。在孩子还小的时候,父母有这个权利,使用这个权利是在行使上天赋予的责任。孩子到了青春期的时候,父母继续保留抚养职责,但是不再拥有对孩子人生的掌控权。孩子抗拒父母掌控的力量开始增长。开始的时候,父母可能会为孩子的拒绝和自己对孩子的失控感到恼火;父母们也的确可能会感到自己对眼前这种转变的发生准备得还不够充分。

到了青春期,孩子们变得粗鲁、叛逆、耍小聪明、混乱、喜怒无常,不再是那个家长们曾非常引以为豪的好小孩。因此,父母会经历一段可怕的日子:哦,响个不停的流行音乐,蓬乱的发型,让人觉得不可接受的穿着打扮——牛仔服不是掉色、破洞就是花里胡哨、鬼模鬼样的,各种各样的手镯、耳环、耳钉、鼻钉突然出现在他身

[①] 我倾向于用"他"来称呼一名青少年,除了那些在前后文中需要区分"他"和"她"的情况。

上（老天啊——下一个是什么？文身！）。经过儿时所有细致入微的照护和尽责的抚养、礼貌礼仪的熏陶、教养行为的培养和无限的关爱，现在他却成了这样。

这对父母的骄傲是多大的冲击啊！到了这时候，孩子的状态就显现出抚养的品质了。而更令人伤心的是，争吵开始了。父亲会发现他的儿子已经变得非常聪明，说的比父亲说的更在理，而且孩子在与父亲论理的过程中，也会直言不讳，听上去粗鲁无礼。更糟糕的是，引起争执的事情往往发生在父母最珍视的几件事情上：他们的宗教观、他们的政治信条、他们在艺术和音乐上的偏好，就好像无论是什么，只要是父母特别在乎的东西，都会遭受孩子们强烈的异议，甚至是他们公开宣布的抗拒。如果父母的信念、立场和价值观没有很好地建立，他们的青春期孩子会温和地（或者不太温和地）让父母的弱项暴露无遗。孩子与父母之间不一定会发生争论，但很显然的是，这时候的孩子已经暂停拥护父母一直坚信的东西，虽然他们此前毫无异议。父母们对自己所秉持的信念的根基越不确定，来自孩子的冲击就会越大。如果父母们还没有真正地设法应对自己在有些领域的立场问题，那么他们将面临一段艰难的时期。

第二章 是成为推动水车的水流还是急剧的漩涡

通常在餐桌上不受欢迎的话题与三个最具有挑战性的领域有关：宗教、政治和性。当然，这些话题确实需要公开、自由地谈论，任何想谈但又羞而不谈的痕迹都会显露出父母自己还没有把这些事情搞明白。父母的那些从小就持有的但还没有真正成为自己的人生态度的信念，或者他们从所读到的书上、从去过的教堂那里搬过来用的信念，都会被孩子刺耳的问题轰击，或者不被理睬。父母的骄傲和处世观点会被孩子们的这些反应撼动。

从另一方面讲，如果青春期的孩子看到他的父母不固守已有的理解和立场，仍在不断审视他们所看重的事情，并且加深他们对宗教、政治和性的理解，那么，他就很少会发出批评。年轻人会感到受鼓励，会把他真正想问的问题拿出来问父母。如果年轻人看到父母能诚实地承认自己不确定的领域和尚未解决掉的困惑，而且保持着开放的态度来倾听，那么，年轻人会饶有兴趣甚至感激地回应，因为他被允许在父母的探索学习中分享自己的理解。

对于父母来说，所有这些会非常激励人心，使人不断更新。相反地，那些陈词滥调、教条、习惯性的思维模式和受限于社会的态度、未经检验的信念以及建立在微妙的、不被承认的自命不凡之上的立场，都会在青春期孩子那尖锐的注视中凋谢枯萎。当一个孩子出生时，父母应该知道，他们有十二年的宽限期，在这十二年中，孩子不会质疑父母们持有的信念和习性的正直可靠性。但是，过了这十二年之后，父母的任何不足都会暴露出来。然而，如果父母们承认自己的弱点，青春期的孩子是能够接纳父母的不足的。最终赢得胜利的不是完美，而是真诚和言行一致。

父母可能不得不面对的另一种强烈的情绪就是羞愧。年轻人不仅仅会质疑父母的生活方式——在某些方面，她或者他可能把父母的方式沿用得很好。再一次，父母从他们的孩子立起来的镜子里看到了自己的习性和弱点的反射。他们可能看到自己抽烟喝酒，可能听到自己说出的那些脏话，可能认出他们与自己希望的样子之间的偏差，认出自己的双重标准，以及自己挫败了的雄心壮志。所有这些都会让人不舒服。作为父母，不能再说："就按我说的做。"直到父母们能把这句话改成"按我做的方式做"，他们才会成为成功的父母。

任何掩盖，任何假装成自己"本来不是"的样子，或者引用他人的思想而没有自己的想法，或者坚持所谓在社会上行得通的习惯，这些都有被揭露的风险。青春期的孩子感到的是不安全，因为他被这个向他敞开了大门的全新

第二章 是成为推动水车的水流还是急剧的漩涡

世界淹没了,所以他在其他人身上寻找安全感,寻找他能相信的观点和思想。这意味着要去尝试。他首先会在其父母身上寻找这种安全感。如果他在父母身上没有找到,那他的失望会让人感到极度痛苦,他的父母将不得不承认:"他发现我们并不是他原以为的那种人。"不管怎么样,他会去其他地方寻找。他可能会找到他正在寻找的,但是在这个过程中,他和父母的连接关系会倒退。

即使他没有对父母感到失望,年轻人也会时不时地去其他人那里寻求启发和指导,而且,如果这些人成了他热爱和钦佩的焦点,父母有可能感到自己在某个一直以来还挺有成就感的领域被遗忘、名誉扫地和被绕开了。如果孩子因为父母能力不足而离开他们,这对父母来说是不舒服的。但是孩子投向其他人并不总是暗含着对父母的拒绝。在健康的情形中,这是自然而然的发展过程:孩子的视野正在拓宽,他的新的兴趣领域正在打开,孩子需要新的指南。明智的父母会为这种发展感到高兴。

尤为让人痛心的是,由于年龄的原因,父母被迫感到"过时了"。他们的儿子或女儿可能会崇拜比父亲更有男子气概的男性,或比母亲年轻的女性。

当孩子们在家庭之外建立起牢固的关系,并强烈地追求这些关系时，母亲可能会觉得她做的只是养家糊口的事儿。这时候的孩子，能力变强了，他的技能可能超越了父母的。现在，当父母们突然意识到他们的子女已经可以做得比他们更好的时候，他们将不得不为那种不舒服的感觉做好准备。

此外，度假的模式必须改变，甚至外出、在树林里散步、在花圃里帮忙的模式都要变。年轻人把自己抽离出来，做他们自己的事情。当年轻人待在家里的时候，他们可能会有很多要求，需要爸爸妈妈给各种的东西，比如借给他买车的钱、给他更多的零花钱，或者是允许他们和看似不可靠的人一起出去旅行，甚至要一辆摩托车。年轻人渴望摆脱束缚，尽管他知道他仍然需要依靠父母。

所有这些情况都要求父母要考虑到，在面对孩子的这些变化时，自己将会采取的态度。

所以，当孩子进入青春期时，父母的角色也跟着改变。并不是说照顾和养育就到此为止了，而是要将其进行转化。父母需要关注的是一个人逐渐显露的个性，而不再是他的物质身体。父母面对的是一个独一无二的、不同的人，这个人呈现出新的特点、天赋和弱点。当这个"新人"出现时，他是稚嫩和敏感的，并且可能会套上一种鲁莽的盔甲，甚至一开始还带有攻击性。有洞察力的父母会看穿盔甲，以尊重、带有兴趣的和敏感的关注来对待初生的生命。一句话：带着爱。

第三章

保持内心的笃定

成为青春期孩子的父母意味着检视自己爱的力量和自信的力量,这种自我检视有助于自我认知。

第三章 保持内心的笃定

那么，父母该如何准备好自己，去面对他们的孩子在青春期里日益发展的自由呢？

这个问题没有简单直接的答案。青春期孩子的父母处在一个动荡的时期。那些能够审视自己的态度和情绪反应的父母们迈出了应对的第一步。当父母们理解并接受了自己的恐惧、怨恨、担忧，甚至是不喜欢的人和事，父母们的个人成长才能够继续进行，他们就会更加成熟。这时候的父母可能要问更多的问题：爱是怎样的呢？父母必须问自己几个问题：我是否无条件地爱我十几岁的儿子或女儿？作为父母，如果你发现你对孩子的爱是因为孩子有良好的行为、你能从孩子那得到你认为正确的回应、孩子不存在那些不合规矩的行为，那么你的爱就不是无条件的。

当你十几岁的孩子违背了你秉持的规则或者你很在乎的价值观时，当子女给家族带来耻辱，使你的朋友和周围的熟人认为你抚养孩子的方式有问题或者说当你失去了对孩子的控制时，你还能继续爱你的孩子吗？这些经历会降低你对孩子的爱的程度吗？从理论上讲，回答"绝对不会"很容易；但在实际生活中，当孩子出现差错时，你的爱还能与愤怒和受伤抗衡吗？当你对你的孩子说"我不爱你"或者"如果你遵照我的要求，我就会爱你"的时候，你会有压力吗？如果是这样，那么你还没有真正领会爱的意义。"爱算不得真爱，若是一看见人家改变便转舵。"①

　　爱不同于喜欢或享受。爱是一种积极的力量，它形成并支持着被爱之人的内在核心，并帮助被爱之人的内在核心通过此人的存在散发出光芒。你不能指望得到爱的回报：爱的给予必须是自由的。当你十几岁的儿子或女儿犯错或陷入困境时，你的爱就有了真正的意义：因为这时，孩子

---

① 爱算不得真爱，
若是一看见人家改变便转舵，
或者一看见人家转弯便离开。
哦，决不！爱是亘古长明的塔灯，
它定睛望着风暴却兀不为动；
……
——莎士比亚，十四行诗 CXVI

比以往任何时候都更需要爱，这时候父母的爱的退出会瓦解正在奋力挣扎的孩子的精神。生命中最美好的时刻都发生在人们得当地处理危机时，最了不起的进步都是发生在关系上的进步和对生活的理解上的进步。缺乏爱心的父母在表达对孩子的错误行为的不满时，可能跟孩子讲清楚了自己的观点，但在这个过程中，他们与孩子的连接会受到影响。会爱的父母可能会发现，他们的观点不用言语表达就能被理解，他们与孩子在一起分享的结果是加强了他们与孩子之间的连接。

爱会带来信任。信任可信赖的人很容易，能做到这点没有什么了不起的。然而，信任那个让你失望的人，会让信任变得真实，并使信任转化成一股力量，这股力量可以给被信任之人的意愿和行为带来良好的影响。这种信任会触碰到他靠自己无法触及的深度，并为他打开自己到达那个深度的道路。

因此，成为青春期孩子的父母意味着检视自己爱的力量和自信的力量，这种自我检视有助于自我认知。也就是说：如果你能了解你自己，你就会了解你家里正值青春期的孩子。寻找你内心未了结的事情吧：你的怨恨、你的挫败感、你的伤口。诚实地对待自己。

看看你是否能毫无障碍地与你的儿子或女儿交谈。如果你的回答里没有"是，但是……"的语句，并且你能真正地倾听，那么你会知道，你和孩子的相处正走在正确的轨道上。进入青春期的孩子不期望他的父母像上帝一样，而是希望他们是真实的，希望父母能与自身和平相处。用简单的方式去倾听和表达；诚实地面对你自己的短板和孩子的弱点；在处理你的生活、工作和职业的方式上做到严于律己；在表达上直接一点，以便那些与你交谈的人明白你说的是什么。如果你能做到这些，孩子会很爱你。当他看到你在困难面前保持快乐，他内心会感到高兴，因为这表明你相信一种更高的力量，这种力量一定会战胜困难。他会捕捉到你做出改变的能力，如果他发现你不是固定不变的，他会很兴奋。他也许不想听你讲你的理想，但当你按照你的理想生活时，这些理想就会跟孩子"通话"。他会因为认识到你有愿景——这个愿景给你的生活指明方向、明确焦点，认识到你为了实现这一愿景而做好承受苦难的准备，而受到激励。如果他发现你对你周围的人没有愤世嫉俗的态度，他会感到开心。只要你能如孩子所愿地生活，你就能应和到他的需要，能让他轻松度过青春期；反过来，这也会让你的生活变得更轻松。

第三章 保持内心的笃定

父母们，你们最好不要过于焦虑，不要监视和盯着你们青春期孩子的活动。尊重他们对隐私和秘密的需要；不要刺探，不要希望成为所有正在发生的事情的当事人。更好的做法是对他们想要与你分享的东西抱有浓厚的兴趣。他们并不总是希望展现自己思想和感受上的柔嫩：比如第一次坠入爱河，那些珍爱的照片。不要被一个明星歌手的华丽海报弄得心烦意乱，哪怕这个明星歌手明显缺乏你所珍视的那些品质。不要感到震惊，试着去理解每一个非凡的惊喜，尽可能地宽容他们的音乐。

最重要的是，允许你的儿子或女儿去冒险、去犯错误，你这样做的同时，要毫不犹豫地告诉他或她你所看到的危险在哪里，你自己的经历教会了你什么，为什么换个做法会更好。告诉孩子这些的时候要客观，你的提醒不是出自你内心中某些不安的情绪。从长远来看，十三至十九岁是一段充满众多变化的时期。但是，在这个时期，只要父母给予成长空间，你的儿子或女儿就会经历青春期必须经历的所有阶段，以及来自同龄人的压力。如果你们的沟通渠道是敞开的，他或她会在需要的时候使用你们的沟通渠道。不要试图保持完全的控制，而是保持亲密，孩子什么时候需要，父母就能在什么时候出现。

你还记得你是怎么对付你那守旧的父母的吗？在那些跌宕起伏的岁月里，你开始找寻自己，你最想从父母那里得到什么？要接受这样的现实：在青春期的这几年里，你和孩子的关系常常不会非常好，但你们可以做到让关系保持得足够好。当孩子出错时，花点时间让他看看为什么会出错，并让他从经验中学习。随时准备改变你自己的态度，反省自己：看看你自己是如何利用空闲时间的，你需要什么支持，你对什么有依赖。

你的孩子们向你寻求的有可能会比这些多得多。你需要相信有一股力量在指引着他们度过这段时期；你只能通过强化你与自己生命中的神性的连接来做到相信它，这意味着你要坚定你的内心世界。

作为父母，得俩人一起努力，深入地分享你们对所发生的事情的反应。通过加强两人彼此间的合作，你们的婚姻将会变得更加丰富多彩，家里其他的孩子也会受到家中这样有意义的氛围的影响而茁壮成长。

当你和你十几岁的孩子讨论任何事情时，都要充分理解正在他们生命中逐渐成熟的个性。你的尊重和关心会帮助他们的自我得以显现，而在他们生命中所生长出来的东西可能会比你所期待的更了不起。

一个总体性指导词是：赞美。赞美你儿子或女儿的每一项成就，赞美他们成长中的每一个脚印。但也要赞美他们的努力，甚至赞美他们的失败，因为失败指明了通向未来成就的道路。而且不要只是赞美他们，还要能在他们赞美你的时候，接受他们对你的赞美。

第四章

迎风而上

年轻人不是三天就从少年猛然长成青年的,但这个变化也不会需要太多时间。

第四章 迎风而上

《圣经·新约》中的许多关于人类灵魂的深刻奥秘和奇妙洞见，都以朴素的语言讲述出来。《路加福音》第二章将耶稣描绘成一个男孩，并浓墨重彩地描述了青春期对一个人的影响。

在耶稣和他的家人去耶路撒冷过春季节日时，他已经十三岁了。当耶稣的父母约瑟夫和玛利亚启程回家的时候，没有留意到耶稣并没有和他们一起，也就没担心什么，径自出发了；但是上路后的第一天，他们开始在路人中寻找他，却没有找到，于是二人又回到了耶路撒冷。在那里找了三天，终于在大殿里找到了他，他正在和老师们交谈，这些有学问的人惊讶于耶稣的知识之广博。

当玛利亚和约瑟夫找到耶稣时，他们显然很沮丧；接下来发生的一幕完好地说明了青春期的初醒。圣母玛利亚惊叫道:"孩子,你为什么要这样对待我们?我们已经找了你三天了,一直很担心。"耶稣回答说:"你们为什么要找我?"他又说:"难道你们不知道我必须为我的圣父的事忙碌吗?"在这里,我们看到了孩子表现出一种新的姿态:突然完全独立于父母,甚至有一种看上去对父母漠不关心的样子——伴随着这种表现,孩子们出人意料地向深奥的知识打开了心智。他并没有觉得他这样的行为需要被原谅,相反,他会对父母觉得他的做法是不寻常的行为而感到惊讶。耶稣对他所做的事充满信心,因为这是他有意要做的,他提到另一个权威,称其为"我的圣父",他必须为"圣父"的事务服务。

耶稣这样的回应让他的父母很难接受,这样的回应否定了父母出于保护和关心而对他采取的"控制",而且似乎他怎么做跟父母无关。他还有另一个父亲,年轻人是这样说的:"你们难道不知道吗?"

进入青春期的迹象很少会像耶稣与其父母之间发生的这一幕这样明显和突如其来。年轻人不是三天就从少年猛然长成青年的,但这个变化也不会需要太多时间。

在耶稣的故事中,接下来是青春期的另一个阶段。他

第四章 迎风而上

立刻离开了这个特别的地方和他新结识的伙伴，与他的父母一起"下"到拿撒勒的家中。这个过程中，他的思想就像彗星一样升上去，到了一个精神上的高度，紧接着又回到了他在尘世中的家里。

从这一点来看，耶稣有两个家：他的精神之家，在这个家里他可以安住在自己的崇高思想中，尽管这个家一开始是隐秘的；另一个家是他在尘世中的家，在这个家里，他肩负着对他的父母和老师的责任。他会和父亲一起做工，学习他的手艺，和母亲分享他敏感稚嫩的想法。孩子长到这时候，父亲找到了一个同伴，而母亲再也不用操心照顾他日常起居的事了，但她内心里会承载着儿子心魂里的所有成长和绽放。

在耶稣的身上保留着对智慧的追求和力量的展现，同时还有对上帝和他自己的同胞特别是对他的父母的崇敬。

由此，一幅青春期的画卷开启了，一个"新人"诞生了。从现在开始，这个新人将会住在这个经父母受孕、生育并且养大的人的身体里，一个精神存在开始掌控这个活在尘世间的人。这时候，孩子的意识发展会有爆炸性的变化：对知识的摄取会突然扩张，对有形和无形的生命领域的兴趣剧增。就好似受孕一样，现在那个来自上天、永恒的且无量的精神存在开始入住到身体这座"房子"里，这座房子在父母、老师和所有其他参与者的帮助下已经建好，在生命的第十三个年头，孩子住进了身体这座庙宇，而且被他自己的精神火花点燃。有些时候，这个年龄段的孩子会沉浸在精神世界中，比如在看到日出或者瀑布的令人惊艳和壮观景色时，他们会沉迷在这样的自然奇观中，在这个年龄段，他们会有许多这样的时刻。

青少年身上所发生的这些变化会令人震惊。这个被自己的更高存在所触动的孩子返回到他父母居住的地方，在这一路上，那些曾乍现的灵光，需要被收拢起来。一个新的阶段开启了：他生命中的精神元素悄然无息地吸引住了他并且改变着他，让他为完成他的宿命做好准备，生活开始向他展示他的命运是什么。这一点是按照这样的方式呈现出来的：青春期的孩子开始独立地树立起他自己的理想和价值观，他开始发展出一种无法用遗传来解释的潜能。逐渐地，他建立起他的目标，这些目标会指引他去学习他想要的知识，完成他决定要通过的培训，选择他可能会在青春岁月结束前选择的职业。

现在从年轻人的内在发展出来的部分会超越他从父母身上遗传得来和从周围环境中吸收到的那些，这一部分需

第四章 迎风而上

要得到父母和老师们的尊重，而且需要素质教育的支持。与年轻人的相处需要的是生命与生命的遇见，而且避开任何阻碍"我"成长的因素，这会在这本书的最后几章里，尤其是第十一章《并肩同行》里专门讨论。

一幅纵横交叉的图浮现出来了：在横轴和纵轴之间存在着平衡，横轴与遗传和环境相关，纵轴代表着一个人更高的存在，直接源于精神世界。从这个两轴交叉的图里，我们可以说，青春期的开启带来了纵轴方向上突然觉醒的意识，同时，纵轴开始影响横轴，并与之交互作用。青春岁月里经受的挣扎是为了实现这纵横之间的平衡；在接下来的成年生活中则有进一步的需求——在纵横两者之间动态的相依关系中维持着平衡。横轴代表着脆弱的部分，其走向是趋于疾病，而且是有年限的；另一个轴是永恒的，永远完整的，散发光芒的，真实存在着的。

通过永恒的精神照耀（纵轴），时间轴（横轴）上的元素变得活跃和自由，正是这样纵横交接的发生，才会使得一个人能够实现他的生命目标。两个轴交叉的地方就是意识的所在之处。在这个点上，年轻人会在片刻之间进入一个神圣空间，可以体验到永恒的当下，然后可以开始发展自己的感受，去感受什么是真、善、美。

童年时，精神像星星一样照耀着孩子。《马太福音》说，有一颗星星停落在房子上，圣子住在房子里。有了圣子，那颗星星就出现了，而且停落在人间的房子上，使得睿智的国王们看见了那颗星星。所有的孩子都带有那颗星星，尽管我们用肉眼看不到那颗星星，但它就停落在孩子们的物质身体这座房子上。随着青春期的开始，这颗星星开始渗入这座房子，显现其智慧，使那个孩子意识到他有"另一个父亲"。接下来，孩子的发展既要遵从现实条件，还要有内在力量和智慧的增长，换句话说，就是使这纵横两股流向相辅相成地结合，这样就不会导致其中一股流向的发展压倒另一股或者说使另一股流黯然失色。

在青春期开始的时候，有很多黑暗力量扰动，这是一些信号，说明正在发生着真正的精神性活动。黑暗力量尽其所能地阻止精神与物质现实和谐地结合。在现代社会中，有些青少年被诱惑着通过毒品进入精神世界，而毒品带给他们的只是幻觉。青春期的神奇力量解开了黑暗和危险的缰绳，这股神奇的力量本身就是精神能量的释放。

随着青春期的到来，主观意识突然间进入了客观体验中。青春期的孩子开始萌发出主观的部分，要让主观与客观体验交织且融合在一起。现实中发生的事对于年轻人的

第四章 迎风而上

内在感受世界来说意味着什么？比如所处的环境、天气、建筑物的形状以及住在附近的朋友，这一切会突然之间看上去不一样了，青少年变得更敏锐、更深刻。天气成了内在情绪的外在象征，不同的形状和结构会唤起美感或者被视为丑陋，所有这些都反映了内在的感受正在苏醒。友谊上的亲密度会加深，他们会彼此分享、各自反思，所以年轻人会寻找他最要好的朋友，通常是同性别中的一位。这种友谊成为表达内心感受的渠道，没有一个要好的朋友，这对于一个主观生命正开始觉醒的人来说，会引发严重的匮乏感。

　　青春期既是向外扩展的时期，也是向内构建的时期，既是有新力量注入的时期，也是胆怯的时期。对美的热爱和对丑的迷恋、对价值的追求和对既有秩序的彻底抛弃，这些交织在一起搅动着。理性在急剧增长，但是它面临着被毒品和酒精麻痹的危险。理想是人与生俱来的，愤世嫉俗也是。年轻人有这样的渴望，渴望成为一个真正的人，但还无法相信自己的价值。年轻人寻求独立，但是也知道自己还需要支持。他拒绝父母的权威，但同时还寻求父母的认可。他惯有的秩序和节奏屈从于混沌和凌乱。

　　当他感到内心激荡时，他在关系中寻找纯真，而且也开始了性方面的尝试。他想要纠正这个世界，但往往更趋向于摧毁所有已存在的东西。他想成为周围的成人中的一员，但他知道自己还不够成熟。他寻求信仰，但拒绝宗教。他对别人的批评可能会伤害到对方，但当别人不同意他时，他又会崩溃。他不断地挑战父母，让他们放手给他自由，然而如果没有了父母的支持，他将会迷失。他渴望维护自己的权利，但在这个突然变得庞大的世界里，他感到自己很渺小。他处于一种分裂的状态中，通常与他的父母格格不入，但他又希望被他们理解。

第五章

青春期年龄表

拥有知识和信念,拥有一颗充满勇气的心,年轻人就能有更好的未来。

第五章 青春期年龄表

人的成长发生在三个方面，这三个方面截然不同，但又相互交织影响着彼此，它们分别是身、心、灵。身指的是物质身体，心对应的是心魂或者说个性，灵指的是精神。处在青春期年龄段的人都会在这三个方面发生剧烈变化；在青春期的这几年里，发生在年轻人的身、心、灵三个方面里的变化都显示着这个年轻人的自我的诞生。这个新诞生的自我引发了身、心、灵三者间的相互作用。身体，当它发育成形时，为心魂提供了载体或容器；转而，心魂又提供精神所需要的力量；精神是渗透在心魂和身体中的永恒存在的神性。青春期里的发育是一个精妙细微而敏感的过程，会受到身体和心魂的健康状态的促进或者抑制。身体如同一部乐器，年轻人被养育的方式、日常作息和接触的文化都会影响到其身体的细微变化。依次地，身体的细微变化又影响着思考、感受和意志这三股心魂力量在身体中发挥作用的方式。作为回应，接下来发生的是个体在精神上更精细、更微妙的能量提升、灵感触发和志向确定。

这章所描述的各年龄的状态只是通常情况下的状态，每个人的青春期所走的路都是不同的。对有些人来说，青春期可能会过得很顺利，而另一些人可能不得不顶着强风奋斗、挣扎。

这里对青春期成长发育阶段的描述是按年龄来划分的，可能有些主观。有些年轻人会比其他的人发育得更快些，但是一般来讲，所有人的发育都按照这个轨迹、规律进行。

十三岁

在青春期最初的岁月里，年轻人的注意力开始转向内在，在某些时候进入一个他自己独有的、与世隔绝的世界；其他时候，他会通过对周围环境的强烈兴趣来平衡这种向内的转变，他会表现出对知识的强大渴求，能聚精会神地专注在吸引他的学习上，这些都需要惊人的精力。由此，在他的生命中产生了内在世界和外在世界之间的相互作用，

第五章 青春期年龄表

就好像一切外在的东西都是为了滋养和扩展他的内在世界而存在着。把童年抛在身后的人能够进行反思,其行动会变得更加有意识,对独立和独处的渴望油然而生。到了这时候,任何情感都会让他感到尴尬。他羞涩地回避情感表达,比如回避来自父母的爱的表达,仿佛在说:"别碰我,我还没有在新的状态中变得坚实稳固。"年轻人学习独自生活的过程开始了,但还很稚嫩。

年轻人将注意力转向内在的背后原因是他们意识到自己物质身体上的变化,勃起和月经初潮的最初体验悄然地显示了生命正在生发出来的力量,这些力量唤醒了伟大神秘的能量,而且带来了重大的影响。难为情、担忧以及需要点时间来体会和反思所有发生在内心深处的波澜,都使得年轻人去寻找独处的空间,从而保护自己;但与此同时,他又渴望有机会表达和谈论他内心发生的事。

父母们可能会突然发现他喜怒无常、不爱交际、孤僻、难以接近。由于这是他行为上的新变化,父母们一开始可能不知道该如何回应,有可能会就此说教一番,这更加会让年轻人缩回到自己的世界里。对于正在发生的事情,父母需要表现出他们完全的理解,并尊重他们的儿子或女儿新表现出来的敏感性。如果父母自己能表达出对孩子的尊重,将极大地帮助到孩子,因为这将会给孩子以信心,让他愿意来跟你分享他的内在正在发生着什么。

十四岁

随着青春期向前发展,一个较为快乐的时期到了。年轻人的注意力转向内在已经有一段时间,年轻人也更有准备地面对世界,感受到自己是世界的一部分了。更强的韧性取代了早些时候的稚嫩。在身高和性发育方面,物质身体生长良好。性方面变得不那么神秘,因为女性或男性的身份变得更加明确,与这种身份相关的功能也更容易被接受。

通常在这个阶段,年轻人很高兴成为自己,展现出享受、欢乐和更放松的情绪状态,好社交。由于不再那么紧张和敏感了,年轻人喜欢讨论,甚至是友善地争论,因为他正沉醉于自己不断增长的思考力量之中。他现在更有能力分析、权衡,以及看到一个命题的各个方面,并给出理智上令人满意的结论。这时候的年轻人会萌发出各种想法,语言表达上也更加流利清晰。这些变化都在拓展他的能力。这个时候,孩童的迹象正在消去,男孩的声音越来越低沉,面部特征也在变化;女孩长出了女性的特征,使人大致能看出她今后长成的样子。这是介于童年和青年之间的阶段。

这段时间是他积极乐观的阶段。处于这个阶段的年轻人需要有更个体化的指导，因为他正变得对自己的个体性更有意识。当被直言不讳地（甚至是带有批评地）指出问题的时候，他不那么气馁了，因为任何不公平的批评都会被他视为不公平，而且会受到年轻人新发展起来的推理能力的挑战。到这时候，各样的才华开始自行显露出来，你可以感觉到这个人正在成为他自己。他开始对什么是善或什么是美做出判断，道德感和美感的萌芽为心魂添加了新的实质。

在这个阶段，父母最好让他们的儿子或者女儿承担更多的责任，但是父母们需要保持警醒，确保他们对孩子的要求不过高。这个年龄的孩子，普遍来讲还算乐观，在这样的背景下，父母需要观察他们的儿子或女儿是否被同龄群体接纳。男孩们往往抱团；而女孩则需要一个、两个或三个闺蜜，她们可以在无休止的交流中分享自己的想法、感受和观察，除了课间待在一起以外，放学后的晚上会打很长时间的电话，在她们小声的交谈中，这一天里发生过的所有事情都会被审视和评估一遍。这样看来，如果自己十四岁的儿子没有被任何同龄群体接纳，或者女儿没有朋友，父母就需要上心了。一家人搬到一个新的地方会给女儿带来很大的压力，因为她就在这一天之间，突然失去了她的那个小闺蜜圈，随时都能见的亲密伙伴被夺走了。

经过了十三岁的内向之后，孩子紧接着会表现出来的是向外打开，去享受所有会在十四岁时发生的一切。如果情况不是这样，父母则需要特别关注他们的儿子或女儿的自我形象的建立。就像在人生的任何其他阶段一样，在这个阶段里，一个人能否获得自尊，很大程度上取决于他所看重的人对他的看法。因此，父母在青春期早期对孩子的尊重会帮助他们建立起自我价值感。不需要太多的话语，父母心里是如何看待孩子的会深深地传递给孩子，但偶尔父母也需要说出："所有事物中我们最在乎的是你。"

十四岁也是一个人的生命发展史中第二个和第三个七年期之间的分界线（我们会在第六章里更详细地讲述）。

十五岁

现在进入了青春期的中间段：十五岁。迸发着的青春活力继续影响着孩子们，而这时候，心魂中最珍贵的一股力量浮现出来——感受。随着感受部分活跃起来，感受的

第五章 青春期年龄表

力量会"将一种忧郁注入我们所有的日子里"[①]——这既不是悲伤也不是消沉,而是一种超然,是一种言语表达上的不情愿,所有这些感受开始在人的内在涌动。这时候的感受还不是对内在主观世界的发现,更多的是一种渴望,渴望去了解在自己生命中的新发现——自己的内心。这种感受就如同你看到一幅壮丽的景色展现在眼前:就在那里,多么地令人惊艳和壮观啊!然后你恢复了你的呼吸,开始回味由看到的景色所带来的美好,这份美好在你的一呼一吸中:空气的流动、微风花香、云卷云舒、山峦峡谷间的勃勃生机——它们在跟你低声耳语,映射在你内心的图景也在与你耳语,感受在心中荡起。内心的风景也展示出了它的形、色和运动:"眼睛向内沉进去,心舒展开来"。青少年想说:"不要让我说话,在我周围保持安静,让我与我正在沉思的事物有个内部交流。我不会告诉你什么,因为我告诉不了你什么,也不愿意告诉你什么。这一切对我来说是如此地新,以至于它一定得静悄悄地留存在我这里。"

成熟因心魂中的感受部分的苏醒而增长。感受不同于那些属于情感生活中的各种"情感"。感受是夹在两个有着

[①] 这句话和接下来的诗句出自马修·阿诺德(Matthew Arnold)的《埋葬的生命》。

高要求的"姐姐"（思考和意志）之间的"灰姑娘"。它几乎不能用概念来解释。通过诗歌、音乐或者绘画，可以在某种程度上呈现内心深度体验后的感受。心灵最深处的体验能够被表达出来是很少见的：

啊，即使我们
哪怕是片刻，能够自由
我们的心，让我们的唇打开
对我们来说都已不错
因为那封住它们的已根深蒂固

在十五岁的年龄谈论爱情还为时过早，但是可以确定的是，青少年们的心正在为此做准备。这可能会引起他们内心的紧张：感受想要去扩展、去发现它的表达，而思考唤醒了有约束作用的自我意识。当感受和思考一起工作时，年轻人可能会表现出非凡的洞察力和对他人的理解。这也可能会给他带来痛苦：当他的理性部分可以感知的时候，他的感受可能会把感知转向内心。当他看到别人受苦时，他就会感到痛苦。例如，如果他感觉到父母之间的矛盾，他就会感到痛苦，这是慈悲心的诞生。

第五章 青春期年龄表

然而，由于他新体验到的敏感，他可能会用莽撞甚至粗鲁来掩饰他的感受。对他来说，家可能会成为一个极其令他尴尬的地方：他有他的白日梦，充实和扩展着他日益增长的想象力，而家人会以一些与他的那些白日梦不一致的方式束缚他、拽住他。当他需要一个安全的地方时，他会回到自己的房间，或者他会花更多的时间在学校从事各种课外活动，当然，这需要他的学校足够开明，能够提供这些活动。他不得不去确认他的母亲终于真正地认识到他不再是一个孩子了。他梦想着去很远的地方，但他知道他还没有准备好离开家和父母的保护。不只是他的想象力重新活跃起来，而且他的一种渴望，甚至是一种需要，变得活跃起来。当他和另一个人一边做着事一边交谈，而且另一个人也完全投入和他同样的兴趣中，这时候，他能和另一个人产生最好的交流。对他来说，这样交流比坐着和一个人面对面交谈要容易得多，尤其是，如果那个人是他的父母中的一个。

男孩和女孩都想和一群伙伴待在一起，尝试新事物的兴奋感偶尔会让他们在聚会上喝醉。某种程度上的性尝试将会开始出现，会发生什么和发展到什么程度取决于很多因素，比如感到无聊、受年龄大一些的年轻人的影响，或者是被动地受娱乐媒体的影响。当这种情况发生的时候，父母们可能会感觉到。能把这样的经历说出来是件好事，年龄大一些的女孩最适合成为十五岁女孩们的知心女友，她们是劝导妹妹们不去进行冒险尝试的最佳人选。

在这个过渡阶段，当没有什么事情值得去做的时候，无聊就会成为一个问题。青少年在这个阶段（它会过去的）的表现不应该仅仅被视为懒散的行为或懒惰。虽然他的表现看起来是懒散的，但这涉及更深的层面：这个人的身体正在以很快的速度生长，强大的身体力量和内心的毅力被调用到这个过程中。这个变化着的阶段对孩子来说不容易驾驭，因为孩子的自我还无法渗入四肢中，整个身体也不太有序，自我的内在指引力量还需要一些时间才能驾驭正在变化的格式塔①。"让自己运转起来"是相当困难的，由于缺乏主动性，人也会变得喜怒无常。重节拍的音乐（和令人精神不振的内容）有助于消融这段过渡时期的不适，但它确实也会引发成瘾的倾向。

父母们千万不要认为十五岁是容易的！

这段时间会出现这种情况：青少年觉得很难与父母或者事情的负责人沟通，以至于涌出一种无法抗拒的要冲破

---

① 格式塔：20世纪初兴起于德国的心理学流派，意指"动态的整体"。——编者

第五章 青春期年龄表

这一切的渴望。这种情况可能会以不良行为、蔑视甚至出走的形式出现。我们的大女儿在十五岁时,从她住的学校宿舍出走了。她是和另一个女孩一起走的,对方甚至不是她最好的朋友。她就那样走了,我们不知道她去了哪里。我们焦虑了一天半之后,警察从700公里外的一个地方给我们打来电话。我们的朋友帮助我们去那里接她,因为就在那时,我们的小儿子要去医院做臀部手术。她回来了,我们欢迎她归来,彼此都没有什么热烈的表达。渐渐地,她把发生的一切都告诉了我们,包括在警察局里的那两个寒冷的夜晚。几年后,她说最令她感到难过的事情是,当我们正为她弟弟的手术担心时,她却给我们带来了不安。那时候,我们告诉她我们当时着急、不安,但我们信任守护她的天使。这种情感爆发式的行为是典型的十五岁孩子的行为,孩子成长过程中一定会有戏剧性事件发生;他们的事可能欠考虑,也可能会构成伤害或引起巨大的担忧。当事件发生的时候,他认为自己做的是对的,但之后,犯事的年轻人会蔑视他当时的莽撞或者报之一笑。我家女儿当时的出走表达着一种释放,有了这一次后,她就不必再重复做这样的事了。独立是他们的目标,但在他们开始变得独立的时候会伤到人心。

父母需要和孩子保持充分的沟通，从而知道什么时候该对孩子进行干预，并设定规则界限。这些规则界限必须始终如一地加以实施，这样会给年轻人以安全感。依恋和脱离之间的内心斗争导致了年轻人的内在困惑，如果没有规则界限来提供安全感，情况会变得更糟。发生在内心的挣扎会引发自我意识的升华。这是一个让人成熟的过程，蕴含着大量的混乱。思考（引起自我批评）和感受（使人脆弱）之间的内在张力会引起一定的困扰，而这种困扰在学校会导致学习成绩下降和纪律性降低，这可能会让老师失望。这种内在张力造成的学习成绩下降可能只是暂时的，如果教师能使学生保持学习兴趣，这种成绩下降的情况可能会得到缓解；学习成绩的下降或许也表明年轻人的生活中正在发生着什么，老师需要多了解一些情况。一个有经验的老师，在与家长交谈后，能够辨别出是怎么回事。

十五岁的孩子不是最受老师喜爱的群体！然而，如果任课老师能使年轻人将每一个科目都看作崭新的学习的话，将会激起年轻人对世界的兴趣，那么，年轻人将会从学校生活里得到抚慰和支持。与此同时，年轻人需要被带入对道德和伦理的探讨，这样的话题可以通过某门课程中的学习内容来展开。如果他们被带入了这样的探讨，年轻人对

第五章　青春期年龄表

寻求意义的渴望就会被满足，他们的行动意志就会被积极地调动起来。如果学校不开展这些探讨，学生们可能会厌学，甚至想办法辍学，而辍学的学生可能正是那些最需要有意义的教学的人。

在年轻人的感受世界里出现的，可能是美好的事物，也可能是糟糕的事物。他开始碰到黑暗，还有光明，也会遇到不愉快，而他对不愉快事件的反应可能是粗暴的。

在这个年龄，他可能会突然一反常态，变成流氓。有时，自我批评和失败感使年轻人与周围环境格格不入。当他失去爱，作为孩子，他将会用他逐渐生发出来的独立性向周围的世界证明他不需要温柔，他拒绝那种会在他内心激起波澜的柔情。他无法忍受这样一个事实，即他可能会卸下对这个他觉得没空理他的世界的防御。他的问题是他不能相信别人对他的善意，任何他人提供的善意都要经过严格的考验，以确保它是真实的。这些考验不容易通过：失调或缺乏爱的年轻人会非常强硬，只有那些能够超越他的那些挑战行为，看到"其人"，并且能积极正向地对待他的人，才能通过他的考验。如果年轻人感受到这种尊重，他可能会开始信任这个以这种方式"认出"他的人。有了这种信任，他才可能会发展出对其他人的信任，从而，他能对这个他认为得与之抗争的世界敞开自己。

　　有对人的基本信任，会在很大程度上对一个正值十五岁的青少年起到支持作用，这种信任需要在生命的早期阶段就建立起来，并在整个童年时期得以培养。在十五岁这个年龄，当年轻人开始变得更加敏感和不确定的时候，考验就来了。如果他能感到足够的安全，去倾听在他内心激荡起的所有声音，那么，这样的倾听会很深入，并会向他揭示美与爱的奥秘。被掩藏着的自我第一次变得清晰可见。这些感受必须在他的心里暂存一段时间，它们还不能出现于光天化日之下。这时候的年轻人还很柔嫩，所以需要盔甲的保护。任何人都不应该试着去刺破他的盔甲，因为这样做会落下伤口，这个伤口可能需要很多年的疗愈，如果它还能完全愈合的话。

十六岁

　　在十五岁时，青少年不得不声明自己不再是个小孩了，而到了十六岁，这场为自己的长大而争得认可的战争通常很快就会平息了：父母、老师和其他成年人会本能地尊重十六岁的人。出现在父母眼前的是一个父母要去与之相遇的个体，确切地说，是一个人。父母们开始发现，平起平

第五章 青春期年龄表

坐地对待自己十六岁的孩子很合乎情理，珍贵的亲子时光变成了成人与成人式的共处，之所以有这样的变化，是因为十五岁时的敏感脆弱会在十六岁时转变为更有秩序、更独立、更外向、更自信。

这是理想的场景，尤其是当这样的"珍贵时光"能频繁和定期地发生时。一般来讲，十六岁的青少年开始把他十五岁时所体验到的内心的敏感性转化成向外接触其他人。谢天谢地，竖在他和别人之间的防护栏撤下来了。如果他对身边亲人的防护栏也撤了下来，那就更好了，但往往他身边的人正是那些最容易带着老眼光来看待他的人，看到的是他曾经的样子而不是他现在的样子。我们习惯于在脑海中印下彼此的形象，这样的习惯使我们不够灵活，从而跟不上正快速变化着的十六岁少年的步伐，那么，就在他希望他当前崭新的样子被看到的时候（目前的样子在三个月之后又会有所不同），我们的不灵活可能会让他感到被禁锢住了。因此，父母们可能会有一定程度的犹豫不决，他们有时会把十六岁的孩子当成与自己"平等"的人，其他的时候又觉得很难跟上孩子的快速变化。

在这个时候，我们要能接受他们如其所是地做自己的权利，因为这个年龄的年轻人本身就想要别人接受他此时的样子。而且，这时候的年轻人的宽容度也增加了，到了他能够接受自己的程度。强大的成长力量依然作用在他们身上，生命中有一种穿越、发展但还没有完全到位的感觉。

在十五岁时表现剧烈的内在情感有变化了，年轻人现在已经不像之前那样只沉浸在自己的世界里了；特定的敏感仍然存在，现在表现出一种新的开放和向外看的能力。十六岁的人对别人更感兴趣，更加会留意到他人，也更宽容，他不再想做那种嘲笑他人或发表聪明言论的"居高者"。他的判断变得更加平衡，对选择的可能性之广有了更强的意识，对于别人可能与自己做出不同的选择也是可以理解的，对于什么是社会性越来越有感觉。这是一个重大的突破。此外，当十六岁的孩子意识到他面临着许多选择的时候，他也开始意识到他将不得不面对他做了错误的选择所导致的后果。他会发现自己逐渐建立起了某种价值体系，在通过不断尝试来丰富阅历的同时，年轻人开始能够预见：如果沿着某一特定的道路发展，他的人生会发生什么。儿子或女儿喜欢告诉父母："不要担心，我不会有事的。"而且他意识到这句话的意思是："无论我做什么，我都得自己收拾残局，也许一辈子都得承担这个后果。所以，我会当心的。否则，我只能怪我自己了。"

第五章 青春期年龄表

十六岁的人开始明白，如果眼下所谓的享乐会令他损失日后可以获得的更大、更切实的益处的话，可能这个享乐就不值得了。他将难免接触到吸烟、酗酒、性和各种各样的毒品（从"偶尔"和"轻微无害"开始），通过敏锐地观察这些诱惑是如何使年龄大一些的年轻人上瘾的，可以使他坚定谨慎对待这些诱惑的决心。也会有很多迹象表明，年轻人意识到他需要具备工作的能力，即使他还不清楚他的未来会是什么样子。

如果他离开了学校，在走出校门后就开始无所事事的话，那这对他来说会是一个沉重的打击。如果年轻人不想继续接受教育，父母、老师和辅导员应该尽一切可能帮助他找到他能"做得了"的事情。这个年龄的他处在一个精力充沛、积极乐观和有志向的时段，充满着对自我的确定，这些都在促成他人生理想和目标的形成。

随着成熟度的增加，智力也在增长。十六岁是智力发展的高潮期，是思考闪闪发光的时期，正是这点赢得周围人的尊重。父母们会被孩子的思考折服（他们甚至会说出这种折服），老师们会感到满意（或被挑战）。有了这样的能力，年轻人在情绪上也会有更强的自我控制能力。愤怒、情绪化和冲动在日常的行为中减少，而且与十五岁时相比，躁动的时候也减少了。他将会尝试在假期打工赚钱，这样就可以迈出家庭、学校和社区这些惯有的边界。

到了这个时候，男孩和女孩几乎都没有更多的生理上的生长变化，并且在某种程度上，他们的性别身份已经稳定了。

年轻人享受节奏和节拍带来的那种扣人心弦的感觉，音乐的节奏和节拍能帮助释放（或者可能会刺激）身体的紧张。他们有大量的精力需要用掉，音乐和舞蹈平衡了繁重的学习任务。这个年龄的年轻人会花很多时间和他们的同龄人在一起，但不那么容易屈从于群体压力。尽管对群体的认同感仍然很强，但他们更能够从被迫顺从的压力中超脱出来，开始欣赏从这种压力中解脱出来后的自由。

十七岁

到了十七岁，确实就可以说青春期进入了怒放期。青春期的生理发育阶段就结束了，实际上，这个人正在"变成一个成年人"。"变成"暗示着在"我是什么"和"我将成为什么"之间有一股内在张力。在这个阶段，年轻人的全部动力是向前发展。学校教育即将结束，他离开家的时刻即将来临；这一时刻对有些人来说可能已经到来。

第五章 青春期年龄表

离开了学校的学生现在变成了一个挣工资的人,他发现自己还没有完全准备好就一头扎进了一个成人的世界:他会突然发现自己从学校里的高年级学生变成了庞大的就业大军中的一个小学生。学校的学习是多种多样的;现在(尤其是如果他在工厂里工作的话),他可能会发现工作内容是重复的,由没有挑战性且枯燥的操作组成,这样的工作对他去实现已经在他生命中萌发的理想或者建立自我价值感没有什么帮助。更糟糕的情况是他没有事情做,意味着他不被需要:他对社会来说是多余的,还不能够成为家里生计的贡献者。一种强烈的挫败感会油然而生,一种玩世不恭的情绪会驱使年轻人加入那些反抗令人不满意的社会规则的团伙和黑帮。他归属于这些规则,但这些规则却没有接纳他。

如果他还在上学,他会努力通过毕业考试。如果他能找到学习各科课程的意义,努力考试本身不是什么问题;但有个风险是——如果他把各科课程的学习看成毕业的手段,那么学习就会失去吸引力。如果学生的唯一目的是通过考试,那么他是否对所学的内容感兴趣就无关紧要了。当为了考试而不得不牺牲学校课程的创造性的时候,这时可能就成了一段灰色时期:忍受和熬过去。唯一的安慰是那在隧道尽头向着自由招手的光明。

一个快乐的十七岁年轻人，无论是在学校还是已经出去工作了，都能静静地对他自己说："我不从我周围的人身上或者我正学习的东西里寻找权威，我在我自己身上寻找权威。"然后，他将会发现有什么新的东西开始在他生命里涌动，会出现这样的时刻——灵光闪现让他的视野豁然开朗，其广大远超他的想象，他会体验到他自己的心灵。在这个时候，这些涌动只是人生启示中的一刹那，这样的人生启示将在未来几年里继续发展，他会发现自己在思考："这个世界比我想象的更广大、更高深、更精彩。"

坠入爱河的体验会给少男少女带来令人愉悦的拓展。一个人在异性身上看到了他的理想，心中升起了太阳，闪耀着温暖和光芒，并奉献给那个在他心中闪耀的人。他爱慕的对象可能是遥远的、触不可及的，就像游吟诗人一样为赞美那些他们知道永远不会属于自己的女人身上的美、德和善而歌唱。而当一个女孩迷失在对一个男性的爱慕之中时，也许她只是把他看作一种理想的形象，而并不了解现实中的他。这是一种浪漫的爱，是一种沉浸在那些品质中的快乐：那个人具有这些品质，引起一种令人兴奋的迷恋，让人日思夜想。这是对另一人的崇高敬意；与此同时，

第五章 青春期年龄表

这也是对自己生命理想的发现。男人和女人的神秘以及一个人如何展示着另一个人的理想，会成为青少年的新体验。立马把这样的浪漫理想与性的萌动联系起来，从身体层面看待爱的实现，这是现代文化中的消极部分。

身体层面的爱本身并不是罪恶或下流的。身体充满了智慧和美好，所以与异性的亲密会给人带来深度的满足感——它唤起一种给予和接受的心境——这就是浪漫理想，它揭示了对方具有的神奇性。这样会帮助青少年确认彼此的性别身份，性别身份的确认是对自己至关重要的确认。可能的问题是，本能的性欲冲动会淹没一个人爱护、体贴他人的敏感性，迫使两人进入一种相互的纠缠中，威胁到双方的内在自由，其后果可能让人感情受伤，甚至对两人的身心造成永久伤害，尤其是对女性。稍后我们将进一步探讨性的唤醒这个话题。

在这种视野不断开阔、体验不断深入的年龄背景下，年轻人迎来这样的时刻：需要对职业培训和工作做出决定。他的心体验着周围世界的广阔，但是积极主动地进入这个世界需要聚焦、接地气，这就引出了一个问题："我能做什么？"——要让他看到自己的天赋和短板。通过与自己的内在进行这样的对话，他可能会开始思考自己的命运和想要遵循的人生道路。随着这种认识越来越清晰,他可能会问这样一个问题:"我想要怎样度过我的一生?"

所以在十七岁的时候,青少年变得更加严肃认真地对待生活,成年的迹象和责任开始冒出来。如何进入人生的下一个阶段呢?年轻人开始认识到每一件事的成败都取决于他自己意志力的强弱,他可能会被其他人和他周围的体系所激励,但如果他想要自由,他必须成为自己意志的主人,不依赖任何道具。来自学校和家庭的约束,他可能还需要承受一段时间,但破茧成蝶、展翅飞翔的时刻正在迅速来临。

十八岁

十八岁带来了一个具有重大意义的时段。古代的神话都把这个年龄看得很重要——在这个年龄,人们开始向生命的新征程迈出重要的一步,这时,人们有意识地对两个神奇的现象敞开心扉,这两个现象将要成为年轻人人生阅历中的一部分,它们是:爱和生命。

希腊神话在珀耳塞福涅和哈迪斯①的故事中呈现了这种

---

① 原文为"Pluto",对应希腊神话中的"哈迪斯"。——编者

第五章 青春期年龄表

状态。在最古老的戏剧之一《埃莱夫西斯的神圣戏剧》中可以找到记载：这是即将成年的希腊年轻人人生开启仪式的一部分。珀耳塞福涅是得墨忒耳十几岁的女儿，她和朋友们在埃莱夫西斯的草地上安然地玩耍。突然，因为哈迪斯设置的圈套，她被抓住，并通过一个洞穴被拖到冥界，在那里她作为俘虏被带到了冥界主宰者哈迪斯的面前。哈迪斯想占有她，使她成为他的王后，但首先，她必须忘记自己与生命世界的一切联系：她必须喝石榴汁，这将抹去她所有的记忆，使她服从并成为亡者们的王后。幽灵们恐吓她，被哈迪斯俘虏的亡者的灵魂恳求她把他们带回到光明中去，离开这片阴暗。他们发现自己在这阴暗中被可怕的幽灵折磨着，他们害怕自己永远也逃不出这座可怕的监狱。

珀耳塞福涅面对着哈迪斯的野蛮力量和想占有她的冲动，被他要求喝下杯子里的东西。她一开始抗拒，但渐渐地，她被暗红色的药水迷惑住了，这时候，这股魔力激起她对这个可怕的捕获者的迷恋。她把杯子举到唇边，此时，她不再拒绝它，而是想要喝下它……与此同时，得墨忒耳的母爱一直在促使得墨忒耳努力想办法营救她的女儿。得墨忒耳发现了埃莱夫西斯的特里普托勒摩斯，一位年轻勇敢的王子。这位王子宁愿种地也不愿继承他父亲的王位。

他的父亲刚刚去世，市民们正准备在集市集会，宣布这位新国王的继位。拒绝王权庇护的特里普托勒摩斯遇到了得墨忒耳，一开始，得墨忒耳伪装成一个为失去女儿而悲伤的老寡妇。当听到她的故事，他同情她，并准备无论怎样冒险，都要将她的女儿找回来还给她。得墨忒耳，在女巫般的女神赫卡特的帮助下，让他做好了准备去冲破地狱的大门。就在珀耳塞福涅把药水举到唇边的一瞬间，特里普托勒摩斯闯入了哈迪斯的地界，他呼唤她，让她记起她真正的家。于是她放下了杯子，没有碰到里面的浆汁。哈迪斯怒不可遏，却无能为力。特里普托勒摩斯把珀耳塞福涅带出了地狱。

在这部戏剧中，年轻的演员们表演着生命和爱的奥秘。珀耳塞福涅因为陷入亡者的世界而几乎失去了她的生命，几乎被伪装成爱的激情所征服。如果是通过经历打击或者突然的失去而认识到生命和爱都是无常的，那么，人们对生命和爱的感受会变得更加强烈。而且生命和爱似乎都在召唤人们去冒险的勇气："不入虎穴，焉得虎子。"失去生命和爱中的任何一个，或者只是预示可能会失去它们，都会使一个人更加有意识地去珍视它们。但是人生路上需要去挑战生命，敢于在爱的领域冒险。这个年龄适合参与体育运动，某些运动带给年轻人超出日常生活安全范围之外的体验，比如滑翔、戴水肺潜水、登山、航海或难度大一些的超越障碍马术比赛。年轻人在大自然和运动世界中挑战自己，寻求冒险，这些冒险在最大程度上拓展他的身体和精神的敏捷性。发现自己的潜力是一种挑战，这考验一个人在逆境中的勇气、机敏和决断力，由此看到自己的局限也是一种挑战。这一切都是为了自身的生命能有更大的成就，都是为了唤醒精神能力。

即使不去主动寻求冒险，考验年轻人的勇气和韧性的危机也会发生。无辜的珀耳塞福涅被哈迪斯设计的阴谋带到地狱；由于各种各样的成瘾，年轻人可能会被许多微妙、非光明正大的方式拖入一种失去自由的状态，因而不得不面对危险的后果。年轻人会遭遇剧烈的绝望、无力感，自杀便成了一条诱人的出路。这一点必须被孩子身边的人重视。谈到自杀，我们必须严肃认真地对待——知道这一点会对我们有帮助。在这个年龄段，求死的表现往往是求生的表达，其中隐含着一个敏感的问题：有人在乎我吗？

去埃莱夫西斯奥秘学校学习的年轻希腊人必须亲身参加这样一场戏剧的排演，演戏的经历深刻地影响着他们自己。他们会被带进一个金碧辉煌的大厅，在那里，得墨忒耳的身影在他们面前闪闪发光：她是丰盈的生命和关怀之爱的女神。

人们感知到生命和爱的存在是源于这两者自身带有的那股生机勃勃的张力。人们的内心会涌现出这样的疑问："爱是如何运作的？""生命是为了什么？""它们的实质在哪里？""它们的意义是什么？"生命就在那儿等着我们去投入其中；爱会占据一个人，并带来各种感受和情绪的交织，而且常常是自我反驳的，需要一个人奉献于其中且给予持续不断的照护。

有一些国家要求十八岁的年轻人服一段时间的兵役。从他们第一次使用来复枪的那一刻起，他们就被教导要把"敌人"看作是可以毁灭的。他们的任务是让人丧命，其目的显然是杀戮。这与崇敬生命和崇敬人类价值的理想正好相反，这种理想是在年轻人被生命和爱的伟大感动时开始形成的。20世纪60年代的那一代人曾带来过这样的信息："做爱，不要作战。"从那时起，世界上越来越多的人认识到核冲突可能会演变为对人类的彻底毁灭。许多年轻人不接受玩枪的必要性，他们不能接受为民族主义或种族主义而战的必要性，他们不和出于政治或商业企图而引发的冲突产生任何关系，他们不会支持对一个不公正的体制的保

第五章 青春期年龄表

护。他们为什么要被招入这样的军事行动呢？在其他形式的和平服务没有得到允许的地方，年轻人就被搁置在了难以忍受的个人冲突中。

十八岁确实常常伴随着一种真正的精神感受上的涌动，有关精神生活的理想引领着年轻人去寻求一种哲学和伦理，从而满足他们对生命意义的探索。在这个年龄的年轻人想要找到为理想服务的方式，很多人想要成为一名僧人或修女，或者寻求服务于和平、生态事业的职业，或者帮助残疾人或弱势群体的职业。年轻人会充满激情地拥抱这些目标，同时，他们还会对已经建立起来的社会秩序给予有力的批评。

爱情的力量引领着年轻人进入生命体验的另一个领域。爱情撞击到每个人的情形都不一样，没有任何其他人能有同样的经历。无论别人，甚至于被爱的那个人看到了什么，只有心中激起爱的人才知道爱能有多深，这种感觉是多么地消耗精力和难以满足，痛苦也将随爱而来。在恋爱中，人的心魂会极其神奇地扩展开，充满了喜悦和无限的希望，唤起对未来的无限憧憬。如果这些希望被证实是没有事实根据的，那么这种神奇的扩展会使心魂陷于痛苦的失望中，或者是感到麻木无力。当这个让人心醉神迷的爱的对象被证明不值得或无法接受这样强烈的爱慕时，随之而来的是令人痛苦的崩溃；然后，带着破碎的心，年轻人的注意力转向内在。他也许会很幸运地看到，他的爱并不是真的针对所爱的那个人，而是对自己理想的一种发现。坠入爱河往往是对自己灵魂的突然觉知，其实是看到了自己本人的纯净、灿烂和美丽的部分，爱的人把这部分投射到或归因于那位被爱的人身上。

真爱不同于那种突然迸发的浪漫愉悦，真爱诞生在一个人把自己心中的一个位置留给对方的时候，而且任由那个人（他或她）随心所欲地进出这个位置。任何束缚、需求甚至情感上的依赖都是一种迹象：说明这份爱不是无私的，因此也就不是真的。精神性的爱是一种崇高的理想，但只有这种爱才是神之爱，就是福音书中提到的爱。浪漫的爱情是厄洛斯（Eros）式的：带着对所爱之人的仰慕，人们更多地追求这份爱带给自己什么，而不是带给对方什么。介于这两种形式之间还有一种爱，在希腊语中叫作菲利亚（友爱），友爱是一种用友好的情感来稳固和丰富人际关系的爱。通过友爱，我们欣赏彼此，陪伴彼此度过压力和困难时刻，庆祝彼此的成就，这是一种带来和平的爱的形式。这种爱既不是青春期男孩之间的拉帮结伙，也不是青春期女孩之间紧密的一对一关系，少男少女们的这两种关系更像是一种依赖。友爱既不是完全成熟的、以精神为中心的成年人中出现的理想、无私的爱，也不是年轻的厄洛斯所拥有的强烈的浪漫之梦。最重要的是，它不是源于性欲的驱动。友爱在年轻人心中的增长标志着成年期的临近。

所以，十八岁是决定性的年龄。在许多国家，这个年龄的人开始有选举权，法律也不再将他们视为未成年人。这个人可能表面上看起来准备好了，但是他的内心却还没有完全准备好：自我或者其精神还没有完全驾驭整个生命，仍然有不成熟的地方。这就需要第三个七年周期的完整完成，而且也解释了为什么选择二十一岁作为可以承担全部责任的年龄是更为正确的。因此，尽管一个人在他就要过完十八岁的时候可能已经有了良好的教育和成长，但他这条船仍然需要行进到停泊的码头，这个码头意味着二十一岁的完全独立。因为只有到了那个时候，他才有能力回看他所航行过的广阔海洋，并展望其成年人的世界。

十九岁

十九岁的人需要证实他拥有的自由，不仅仅是选择的自由，或者一种不受外界约束的自由，更是一种创造和塑造自己生活的自由。这种自由意味着他已经获得了实用性的技能和生活本领，他必须有能力做事，而且也必须有能力对摆在他面前的需要和要求作出反应。通过认识到自己的局限，他将能够知道他在什么地方可以自助，在什么地方必须向外寻求帮助，知道并接受局限是成熟的标志。他想要让自己接受考验，为此，进行一系列新的和不可预测的体验是必要的。他必须旅行，无论是在地理上还是在精神上，最好两者兼而有之。他可能进行一次精神之旅，来寻找他自己的人生哲学。他可能会踏上一段实际的旅程，带着很少的钱，准备体验只有一个背包的简陋和艰苦，准备在山上或遥远国家的火车站台上睡觉，去遇见许多其他国家和文化里的同龄人。他将体会到贫穷、饥饿和孤独的滋味，他会懂得陪伴的价值，懂得分享面包的价值。他将开始变得有市井智慧：了解生活中更黑暗、更悲伤、更凄凉的一面，看到住在贫困地区、贫民窟和棚户区的人们的生活情况，去看到财富的力量，财富产生特权，并逐渐认识到幸福是在服务他人和服务自己的理想中诞生的。通过这些，他将逐渐明白生命的意义。所有这些可以用一个短语来概括：遇见现实。

然而，所谓"真的"可能的确只是现实的外壳：十九

第五章 青春期年龄表

岁的人仍然需要洞察更深刻的、非短暂的且更加有意义的现实，这种现实超越了时空，是所有表象背后的永恒。为了这个追求，他开始了人生的下一个阶段。每一天的生活现实是他现在不得不面对和处理的，这个现实需要他开始面对障碍。在他的人生路上，他会许多次地撞到阻碍，他的成熟度将会通过他对障碍的反应方式经受考验——他是回身躲开，还是尽其所能地排除障碍。他必须知道自己有哪些局限以及如何着手减少这些局限。

他的情感和思想可能依然是年轻人的那般极端：他可能对自己所信奉的主张充满激情，他可能会发现别人认为他与他们眼中的"现实"没有什么联系。但是，他那充满激情的坚定信仰如同燃起心火的熔炉，这座熔炉将熔炼他心魂中粗糙的矿石，产出精制的金属，他们没有时间保持低调和冷静地秉持理性主张。一个人在他的青春期结束时，就要面临人类的病态处境，这种病态处境会把他吞没，使他成为其中的一部分吗？还是说，他的内心能足够自由，从而找到他自己的中心，为能在提升人类生命状态的事业中效力而做好准备呢？无论他的目标是什么，他都需要知道有人相信他，尊重他的理想。

正如每个时代都有其特定的问题一样，每一个新生代都带来新的希望。拥有知识和信念，拥有一颗充满勇气的心，年轻人就能有更好的未来。在很大程度上，这取决于他在青少年时期是如何成长的，什么样的影响在作用于他，以及他内心感受过什么。重要的是在他的生命里长出来的内在自由有多大，这种自由是发挥创造力的自由，和坚持与对立因素抗衡的自由。

第六章

成长路上的路标

年轻人开始抓住缰绳,驾起自己的马车出发,是时候来明确第一波可实现的目标,并开始朝着这些目标努力了。

第六章　成长路上的路标

生命历程中的节奏

研究一个人的生命发展历程,你会发现人生中的转折点有其时间节奏,这些转折点形成了一种模式,人的一生由这种模式建构起来。这里有两个重要的节奏,分别是七年周期和月亮节点,每七年标志着一个重要发展阶段。七岁时,会换牙,这意味着生命已经完成了身体的最初构建,现在有些力量可以"被匀出来"用于学习——因此,该上学了。十四岁意味着从童年到青年的转变,青春发育期开始了。十四岁时,在身体方面,生殖功能发育成熟,心魂对世界的兴趣开始扩展,道德、兴趣和判断这三颗种子开始在心魂中发芽,使心魂有能力满足尘世生活的要求和召唤。二十一岁时，自我诞生，人进入成年（我们将在下一章讨论这个主题）。随着第二十八年的临近，还有进一步的变化，尽管这个变化并不总是那么明显。

月亮节点大约每十八年半出现一次，标志着生命中可能发生重大变化的几个时间点。第一个月亮节点和十四岁时的转换落在了青春期的这个时段，这两个阶段都将在本章中谈到。

十四岁时的转换

青春期的这几年，正如我们所看到的，是一段快速生长和变化的时期，在此期间，正在成长着的年轻人不仅仅从他的父母和老师那里汲取力量，而且也从"内在"源头汲取力量：他自己的主体特征逐渐从某种母体般的保护壳中释放出来，开始舒展开，就像开在春天的花蕾。的确，这时候的人正值其生命的春天。

影响和塑造着他心魂发展的作用力不只来自父母的遗传，也不只来自他的周围环境。到了这个年龄，他会从其他的一些地方汲取力量：从他自己与生俱来的各种心魂力量那里，从命运的运作中，从神性世界里，甚至从那些在这个阶段开始自由发挥的黑暗反作用力中。这些不同的影

第六章 成长路上的路标

响构成了青春期令人惊奇的活力动态，并且这些影响将在他的余生中持续作用在他的身上。

我们将进一步描述这些彼此之间不断相互作用着的影响因素，尽管很难在它们之间划清界限，但由于它们影响着一个人的发展，那就识别它们，以便来帮助我们认识自己。

的确，一个人会受到遗传的影响：他从父母那里接收到的那些影响。

还有环境对他的影响：在他成长过程中住过的房子，他生活的街道、城镇和国家，他学的第一种语言，他在兄弟姐妹中排行第几，还有很多其他的方面。

再就是他自己的生命组成，不仅有他的身体组成，还有他的心魂里的那些自然力量，这些力量从无意识的冲动和本能发展成思考、感受以及意志里更加精微的和有意识的力量，包括他的气质类型[①]，其实就是组成他的"个性"的一切。"个性"，的确有一部分与遗传和环境有关，但绝不完全由其决定。想一想，同一家庭中的兄弟姐妹之间是多么地不同。

然后就是命运的作用。这么说也许过于简单化了，但

[①] 人的气质类型可分为四种，包括胆汁质、抑郁质、多血质和黏液质。——译者

我们可以说，命运源于过去，并逐渐显化出来。命运包括一个人所带的"业"和他自己的人生使命。人生使命会受到"业"的影响，但两者并不是一回事，它们都将通过人一生中发生的那些事件所呈现出来的规律和模式显化出来。

接着要说的是神明的恩典和护佑。精神世界的直接作用，来自人与神明的关系，无论这是否是有意识的。它包括守护天使的作用，守护天使是神明的信使。

还有一些反向作用力，人的自由存在于这样的事实中：他可以犯错。在这个世界上，有一些负向的精神存在会引导他偏离他自己真正的道路。他如果能发展出对这些反向作用力的抵抗力和掌控力，他的自我力量就会更加强大。

自我不得不应对或面对所有这些影响和作用力。自我在青春期的几年里开始自由发展，在二十一岁时"诞生"，它的任务是成为"组织者"——统合和指导所有的能量和影响，并激发一个人的个性化。自我还没有为完成这个巨大的任务做好准备，因为它仍然还在发展中。虽然它还不成熟，但它已经参与了这个成长过程，只有当它能够接受以一种学徒的姿态来完成它的新任务的时候，这个成长过程才能顺利进行，也就是说认识到自己需要学习，安然地等待着全部责任的降临。但通常，自我无法接受这一点，于是青春期的孩子不再允许父母提供在他童年时给予的指导和支持。年轻人虽然还没有装备好自己，但他的潜力在逐渐地发挥出来，在这个过程中，他不得不去应对朝他而来的一切，迎接那些威胁到他的反向作用力。他们依然和从前一样，那么地需要父母，只是父母现在的角色不同了。

遗传的作用、环境的影响、正在长成的个性、精神力量的作用以及反向作用力相互交织在一起，以各种方式相互关联着。有人会认为，所有这些都是人的命运的不同面向，其他的人则认为人在上帝的手中，一切事情都是在上帝的直接指引下发生的。也有这样的说法：行为模式是受着环境的制约或因环境而改变的。这里所持有的观点是，每一股力量都理所应当地存在着，且与其他力量错综复杂地相互交织在一起，并在年轻人到了十四岁的时候开始作用于他。

我们不会就遗传和环境这两个影响因素说得太多，因为这些话题都已经被充分地研究过。[1] 精神科学的洞见之一

---

[1] 《孩子的成长历程——三个七年成就孩子的一生》，伯纳德·列维格德（Bernard Lievegoed）著，弗洛里斯出版社，1987。

是这样说的：一个心魂会寻找一对能提供给它一个合适的初始环境以及用于实现其命运的合适体质和内心品质的父母。这些都是生命中的重要元素，并不是巧合。

命运之业和人生使命

如果我们讲占星的意义——如果我们说人的个性特征与我们出生时的星座有关，与我们出生那一刻的天象有关的话——那话题就跑远了。在这里，我们要把注意力更多地聚焦在迎着我们而来的那些情形上。没有任何事情的发生是偶然的，我们与他人的相遇和我们的人生经历都是我们的命运的呈现。这并不意味着我们被这些事件所征服，是否被事件征服取决于我们是否有意识地、自由地、以自我的力量去面对它们。有关转世和业力的知识是当代精神科学的重要组成部分，它使我们能够理解为什么兄弟姐妹经常有如此不同的人生。在一个家庭中会发生这样的事：一个孩子风平浪静地度过了青春期，在学业上获得了成功，在友谊中获得了成功，对接下来要做的职业有清晰的感知，而其兄弟或姐妹可能在每个方面都很挣扎，而且都失败了。

根据业力法则，欠下的必须偿还，错误的必须要纠正：一个人需要完成前世未完成的工作。然而，我们不只是带着"业"来到地球,还有更多:我们还带着人生使命。我们出生时面临的尘世生活不只是由过去的经历来限定的,尽管受着过去的经历的影响,但我们所面临的生活事件都是新的,而且摆在我们面前的任务也是新的。特定的使命恭候着我们每一个人,在我们来到地球之前,我们很可能已经同意承担这个特定的使命:这意味着我们已经参与了我们的生命史的撰写。

我们亲自参与编写人生剧本,这可能有更深远的意义:如果我们自己没有太多的"业"要完成的话,我们可能会主动承担他人的某些"业"的债务,甚至承担一些世界的"业"。承担不属于自己的"业"是一种爱的行为。那些生来就有心智或身体残障的人可能不用去了结他们自己的"业",但背负着他人的"业"——这是许多同残疾人群体一起工作的人感知到的,这些工作人员逐渐地认识到了这样的命运的存在。

耶稣医治了一个生来就看不见的人。正如《约翰福音》所记载的,门徒对他生来就看不见感到奇怪,就问耶稣这个人是背负着他父母的"业"呢,还是背负着他自己的"业"(这只能指前世)。

门徒问他说：
拉比
是他还是他的父母犯了罪
导致他先天失明？

耶稣回答说，有一个更高的目标，与他个人的"业"无关，更高的目标是要彰显神的作为。

耶稣回答说：
他和他的父母都没有犯罪
是这样的
神的作为通过他的生命
显化出来①

因此，命运的另一面是一个人的人生使命。每个出生在地球上的灵魂都要面对自己的功课，这个功课超越了自己的业力，在其之上。人的一生如一幅画卷逐步展开，天赋才华的发挥、对天命的感知以及所发生的各种事件和与

---

① 《约翰福音》9：2f，卡尔米亚·比特勒斯顿（Kalmia Bittleston）译，弗洛里斯出版社，1984。

人的相遇，所有这些沿着一条特定的道路指引着这个人。当年轻人的父母和其他人相信一个正在长大的人有他自己的使命时，即使他们不知道这个使命是什么，也会帮助年轻人去辨别出他自己的人生使命。在第五章中，我们谈到了一个十七岁的人需要问这样一个问题："我能做什么？"我们看到在十七岁时问下面这个问题还为时过早："生命想要从我这里得到什么？"对于青春期的孩子来说，知道每人都有人生使命这一现实就可以了，他的人生使命会逐渐地不证自明，尤其是如果他得到了身边亲朋好友的支持和鼓励。

人生使命如何与"业"相关联？这个问题很难回答，因为它对每个人来说都不一样。一般来说，"业"提供了"被给予的条件"，而使命则属于对被给予的条件的创造性回应。我可能在这方面或那方面有缺陷，因为那是我的"业"，但我的使命可能是把一群人聚集在一起，为有类似缺陷的人建立一个完整的支持系统，或者成为其他受折磨的人的代言人，带着这样的任务来打开所有能接触到的人的心扉。海伦·凯勒在两岁时得了一场致命的疾病，她被送入了一个黑暗而寂静的世界。但是，安妮·沙利文正等待着她的人生使命。后来，她帮助海伦找到了一种方法，使其把自己的残疾变成了许多人的福音。

一个人可以否认或忽视他的使命,我们周围充斥着这样的事例:人们不去承担他们的人生使命,浪费机会,否定他们自己的潜力,而且只字不提他们如何不负责任地使自己不胜任自己的使命要求他们完成的事情。只要我们拒绝我们的生活处境,我们的使命就会对我们保持隐蔽。一旦我们能够接受和信任自己和自己的处境,我们生命的意义就会开始显现。我们不得不简单直接地从这句话开始:"也许我应该停止抱怨,接受现实。"这会是一个开始,从这里起步,我们才可能进步,并意识到我们生活中已发生的事情所带给我们的其他益处。做到了这一点,我们就会发现没有什么事情是偶然发生的;从这点出发,我们就可以进步,认识到人生并不是一种由那些基本没有按照我们所希望的方向发展的人生事件组合起来的无任何意义的生命的延续。取而代之地,我们开始意识到,如果我们以一颗开放的心来回应这些日常事件,它们就能引导我们步入正轨。开放的心可以像磁石一样工作,把新的情形带进我们的生活,并逐渐把我们带到真正属于我们自己的道路上。

在十四岁这年的转折点上,这个进程开始展开。如上所述的这些认识可以帮助父母们在与自己的青春期孩子的朝夕相处中寻找意义。此外,还可以帮助父母认识到,他们的儿子或女儿有自己的路要走,父母们不应该感到自己要对发生的一切负责。

恩　典

上文提到的这个生来双目失明的人的故事可以让我们意识到,虽然生命的发展有个人的命运,但也有神性的介入。我们可以说,与基督相遇并得到治愈是盲人的业报,但还有一个更深远的维度:奇迹的发生。直到治愈的这一刻,神圣的光流进了这个一直生活在黑暗中的人的生命。人们可以从许多经文中回忆出这样的话,这些话表明神圣的爱是一个天然存在的事实,然而,每个人都必须去发现它。在《旧约》中,《耶利米书》(《新英文圣经》1:4f)的开篇就有:"神的话语传到我这里:'我将你造在腹中之前,就知道你是我的;在你出生前,我已经把你圣化。'"在《约翰福音》中,基督向天父祷告时说:

> 我在他们中间
> 你在我心中
> 这样他们能成为完整的一体

世界可能会意识到

是你差我而来

你爱着他们

就像你爱着我一样①

神性经由所有影响着我们生命的其他因素发挥着作用，在某种意义上讲，神性是生命本身最核心的力量。我们可以说，有一种更高的力量凌驾于一切之上，通过遗传、环境和命运来影响我们，这就是恩典。有些戏剧性的事件会让我们惊叹"奇迹发生了"，比如一个人在最后一刻从溺水中获救，或者一个人避开了一场严重的意外事故。一个人的日常生活中有许多并不起眼的事件同样受到恩典，比如当他有需求或面临困难，他对神灵打开心扉的时候，或者别人代这个人去请求的时候。我们可以通过内在的生命活动来寻求恩典，比如在冥想和做礼拜中敞开自己从而接收启示来寻求恩典，也可以通过圣礼仪式获得特殊恩典的流入，比如婴儿洗礼、坚信礼、两人结为伴侣的新婚祝福以及临终人的傅油礼。这会与救赎和治愈力量交融，这些力量通过基督精神的存在来发挥作用。我们对他人无私的爱

---

① 《约翰福音》17：23，卡尔米亚·比特勒斯顿译。

创造出一种氛围,在这样的氛围里,恩典才可以流动。命运的打击、痛苦和疾病、巨大的失落,所有这些都让人难以承受,但它们可以让我们敞开胸怀,接受恩典的流动。我们可能不得不完全放空自己,或者是把我们的自尊或身体的气力(就像《圣经》中浪子回头的故事)放到最低。在我们获得真正的自由之前,命运扮演着生命功课之主的角色:它必须先抓着我们,直到我们能够驾驭它。雅各布(《创世记》32)必须与天使搏斗,才能得到他的真名。为了成为自己的主人,我们可能也必须经历一番挣扎。

每个人都通过他自己的天使与神性世界联结,天使是连接神性世界和生活在地球上的个体的信使。年轻人可能会逐渐意识到他有他的守护者。每个人和那个神性世界的存在都有一种神秘的关系。在他所有的尘世生活中,天使一直守护着他,陪伴着他。有些时候,一个人可以切实地体验到他的天使的存在,比如当他处于极度危险的时候,神通过天使来帮助他。

这种关系可以培养,并会变得越来越容易被感知到。当一个人在一天结束时入睡,在睡梦中,自我遇到天使,他们一起重新回顾白天发生的一切,这使得白天的体验被凝练转化为果实,这些果实被供奉给神性世界。通过这种回顾，人对那些使他困惑的事情产生了更深层的理解，这将提升他在面对日常生活时的德行。通过日益增长的敏感性，他会越来越强烈地意识到与天使夜晚会面的作用。还会有这样的时候：为了让这个人变得成熟，天使会退到一边，这就解释了为什么有些时候一个人会感到失去了亲人似的，只能靠自己，在二十八岁的节点上尤其如此。所以天使也像一个很棒的教育者，知道什么时候该亲近，什么时候该向后退。天使不能完全体验我们在地球上所体验到的，因为他们没有物质身体，也缺乏我们通过落入尘世所拥有的意识，因此，我们通过内在对话或祈祷与天使保持沟通很重要。

一个发展得全面、健康的孩子对他的天使是开放的。但是，让人麻木的教育、非自然的食物和电视及其他声音（视觉媒体）对感官的轰炸共同威胁着这种天生的敏感性。当一个孩子到了青春期，他不断增长的智力，加上其他因素，可能会关闭他心魂中敏感的部分。这使得他的天使不能给予有效的指引，然而天使保持与这个人在一起，从而为他更有深度的敏感提供了逐渐觉醒的机会。正是这种敏感性孕育出一种不断增强的觉察，使人觉察到他有神圣的守护者相伴。对于那些已经麻木或者生命昏暗的年轻人来说，那些帮助他们疗愈其敏感性的人们可以使年轻人整个人发生变化，就好像这些人给干旱的土地浇灌了雨水一样。当一个人能灵敏地感知到在夜晚和他的守护者会面所带来的影响的时候，他就能够辨别出发送给他的指引。这会帮助他成为真实的自己，不被僵化的规则所挟持，而是被他与守护者的持续对话所指引。这个守护者指引着他去实现他的命运，也将引领他在人生路上逐渐加强对他自己和他周围人的精神活动的觉知。相应地，这又会加强他在判断、兴趣和德行这三方面的力量的发展。

反向作用力

对于青少年来说，还有另一组影响因素将进入或者试图进入他们的心魂里。这时候，来自父母的保护正在改变，使得青少年更加容易被伤害到。有一些反向势力、敌手存在，年轻人不得不面对这些邪恶的作用力。这些势力会以两种方式出现，其中任何一种方式都会形成一股力量，使年轻人否认自己的真正价值，摧毁自己的自由。

第一种方式试图把人拉进一个虚幻的世界，这个世界不是黑暗的，而是充满光明的。这种光明会把他的意识引入一个梦中，使他不再能够分辨真假；使他被感官的愉悦所诱惑，失去对责任的正常感知，削弱他成为自己的主人的能力。年轻人难以抗拒它。这股势力被称为路西法。路西法认为自己和上帝是平等的，他在我们的灵魂中播下了欺骗、虚假、骄傲的种子。路西法想要阻止人类的事正是青少年要去做的事：长大成人。就是路西法的力量促使年轻人在有能力承担责任之前就要求自由，而且试图不通过任何努力就抵达"精神的境界"。只有经历了内在成长，我们才会对精神领域产生有意识的、由自我主导的认知，路西法却引诱我们避开经历内在成长的艰难。

例如，迷幻药似乎能使人不经过努力就得到意识的扩展，但它们有三个有害的影响。这些药物鼓励吸毒者绕过意识寻求精神体验，而不是通过发展意识来获得精神体验；它们带来的那种感觉是虚假的，是基于幻觉的，而不是与精神存在的真正相遇；它们削弱了意志，使意志布满永远无法完全愈合的伤口，从而削弱人们掌控自己生活状况的可能性。毒品文化是路西法的一个手段：它的诱惑性很强，我们的自由很容易被它破坏。路西法还有其他方法来转移年轻人对自我的追求，烟酒也是他手段中的一部分。

第二种反向势力是撒旦和阿里曼，他们在与路西法相反的方向上活跃。他们把人拉向物质世界，这样我们就忘

第六章 成长路上的路标

记了精神世界。还记得哈迪斯给珀耳塞福涅的石榴汁吗？在阿里曼的世界观中，没有精神维度，为了使一个概念被接受，必须通过已知的因果关系对其进行科学证明。例如，说到疾病的本质，他从身体功能的角度来解释，任何使用更深层的、更灵性的解读的尝试，讲到业的作用，都是"不科学的"，因此必须加以排除。阿里曼无法看到大自然里舞动着的活力，剥离了大自然的精神维度，认为大自然只以化学形式的元素出现，这些元素形成了有机结构，这样的形成没有任何精神性的规划在其中。在人类的行为中，他无法区分恨的行为和爱的行为。他持有这样的观点：人的思想和行为是受外界刺激所推动的，人的行为模式可以被外界所制约和控制。如此，人就不用再对自己的行为负责了。这样的世界观没有给智慧留出空间，然而，小聪明如果被证明是有效的并带来成果，就会被高度重视，个人的价值观就会变得不重要。在争取人类权力的驱动下，阿里曼否认了神圣性，并对个人自由进行了微妙或公然的破坏，他鼓励我们让一切都板上钉钉，冷漠高效，方正呆板（就像许多现代主义风格的建筑一样）。与此同时，他通过媒体娱乐使我们享乐，使我们的能力变得迟钝，使我们没有意识到他是在以一种快活的方式使我们娱乐至死。

与路西法不同，阿里曼催促我们前进。他催着我们加速，越来越快，催促我们用智力通过各种机械手段在地球上建造天堂。我们的"进步"越是超乎我们的德行、判断力和慈悲心，他就越能把我们的自我发展置于危险之中。当青少年通过自身能力的自然发展感到自身智性力量在扩展时，他很容易受到诱惑而变成一个大脑，把心排除在外（一些常规教育系统会支持年轻人这样发展）。或者，当他朝着自己的目标努力发展时，他会被物质上的欲望所控制。

尽管阿里曼把路西法列为同伙，但通过他非凡的聪明才智，他仍然掌握着主动权。在迪斯科舞厅里，重节拍音乐的砰砰声被放大到震耳欲聋的高音量，柔和低迷的灯光中夹杂着频闪照射和其他光效，这些会让年轻人在潜意识中接收到微小且不宜觉察到的暗示：这个世界是一个没有什么意义的尘世。那么，除了得到他所能得到的一切（在阿里曼的帮助下），或者逃到梦的世界（由路西法创立）中去，他还能得到什么呢？我们已经描述了这些反向势力的负面影响。然而，通过明晰这些影响因素和下决心，年轻人可以开始驾驭这些能量来驯服怪兽们。的确，路西法和阿里曼也可以帮助我们。路西法在艺术上的努力带给人们光明和美，阿里曼在发展机械和技术设备方面的促进作用也是众所周知的,这些方便了我们的日常生活。他们俩发挥着他们各自的作用,但一个人必须保持平衡,抑制过度。这是人类的任务,带着完全的意识站在路西法和阿里曼之间,拿捏住其中的平衡。

因此,当年轻人必须与这些反向作用力交手时,他也会意识到自己的内在力量和来自神灵的援助之手。当孩子长到这个年龄时,老师和父母不得不退后,也就是在这样的时候,这些活跃的力量开始吸引年轻人。老师和父母们需要带着理解继续支持年轻人,并引导他深入了解知识;父母们应该继续给予指导,但他们也必须给孩子们留出空间去成长,让孩子实验性地学习生活的方方面面。

许多宗教团体为年轻信徒提供坚信礼仪式,以此庆祝生命中已发生的转变。在这样的仪式中,人们请求神性世界给予年轻人勇气和内在的坚定。在基督教社区,坚信礼仪式的准备工作需要一到两年的时间,这样就涵盖了青春期的开端,在这期间年轻人经历着身体和心魂上的变化。接受了坚信礼的人会学习《新约》、圣礼和宗教生活有关的知识,这些都会为他们提供精神营养,使他们可以在今后的人生路上,从这些精神营养中汲取能量。坚信礼在十四岁时举行,这是在呼唤基督精神的存在成为年轻人经历人生欢乐与悲伤过程中的伙伴。

因此,十四岁是连续几个七年周期的重要转折点。在二十一岁这一年,发生的变化是一个人的精神诞生。我们将在下一章讨论这个话题。

月亮节点

现在我们看看这个重要事件,就是在人生的第十九年时第一次走完其整个周期的月亮节点。这个事件每十八年半(更准确地说,是十八年七个月零十一天)来一次。有些作用力通过太阳和月亮的相互关系影响着我们的生命历程,我们的许多自然节律与月亮的周期有关。从地球上看,月球的轨道与太阳的表面运动相差 5 度,这就形成了一个反映太阳和月亮之间关系持续变化的有节律的过程。月亮节点需要十八年七个月十一天左右的时间来走完运行轨道中的所有位置,然后就到了这个时刻:"阳光照进了"我们的生命历程;我们回到了我们"出生时刻"的天文位置。然后,一个新的变化周期开始,月亮节点重复这个周期中的一系列位置,直到走完这一轮的十八年多的时间。这意味着我们出生时的月亮和太阳的位置大约在十八岁七个月,三十七岁两个月,五十五岁十个月时重复出现。当前一个

第六章 成长路上的路标

周期结束、新的周期开始时，会出现这样的情况：出现一个开启新的生命主题的机会，也有可能是在工作和关系上出现了新的方向。这是一个转折点和东山再起的更新时候。我们可能只有在事后回顾我们的人生时才会意识到，这些月亮节点所在的时间段对我们来说是多么重要啊。

因此，在大约十八年半的时候有这样的一个时刻，做出新的决定的机会出现了，这会在月亮节点发生之前就有预示，而且也会延续到之后的几周。在生命历程中第一次"回到原点"的时刻，人们可能会为接下来的职业生涯或要接受的价值观体系迈出决定性的一步。

在回顾人生故事时，人们通常会认为第一个月亮节点的到来意味着青春期的结束，年轻人开始抓住缰绳，驾起自己的马车出发，是时候来明确第一波可实现的目标，并开始朝着这些目标努力了。

第七章

进入宽广的洪流中

现在是让他展翅飞翔,出发去远方的最佳时机。他必须出发,准备好去迎接那些可能发生在他身上的事和他所期待遇到的境况。

第七章 进入宽广的洪流中

在青春期进行的探索要延伸到二十岁出头,人生的第二十一年预示着从十四岁开始的七年周期的结束。二十一岁标示着进入成年,人们开始对自己所做的事负责:自我,这个发挥着组织作用的存在,现在准备好承担起责任了。二十一岁生日的庆祝带着解放的迹象:从现在开始,父母成了比自己年长但却平等的伙伴。父母们与儿子或女儿的关系需要变为成人对成人的关系。在过往的日子里,父亲施加影响,母亲提供细致入微的保护。这些已经完全成为过去时了。孩子进入青春期后,与父母关系上的变化就在这些年里逐渐地发生着。的确,一位试图支配二十多岁的儿子或女儿的父亲,要么是在制造裂痕,要么是在建立一种尴尬的依赖关系。如果一个母亲试图留住她的儿子,她将会严重地破坏他的婚姻幸福，对于女儿来说，情况也是同样的。如果二十一岁的年轻人还住在家里，那么现在就是让他展翅飞翔，出发去远方的最佳时机。他必须出发，准备好去迎接那些可能发生在他身上的事和他所期待遇到的境况。

在二十岁出头的时候，年轻人通常要完成学业或职业培训，通过考试获得学位或资格证书，然后就过渡到工作和挣钱上去。到这个时候，年轻人需要学会工作：他必须能够把他的精力和思想力量用到摆在他面前的工作任务上。人们评价一个二十来岁的人，主要是看他是否有能力工作。而工作也给了年轻人一种存在感，工作表达着他是谁，即使这份工作不是他自己的选择。卡里·纪伯伦说，工作是看得见的爱。工作意味着体力或脑力的消耗，如果我们愿意开放地在必须完成的事情中找到满足感，并能全身心地投入其中，就会带来满足。工作甚至可能对消除抑郁有帮助。

现代生活中存在着这样的悖论：我们试图在我们做的每件事上节省时间和精力，在工作和生活的各个方面，我们都经历着省力设备的诱惑，然而，无论我们亲自用双手做什么，我们从中获得的满足感都要比用设备所获得的大得多。不愿工作或不能发挥自己的作用的年轻人是不幸福

第七章 进入宽广的洪流中

的。一个人如果到了二十多岁还没有学会体力劳动或脑力劳动,他就很难找到生命的意义。

仅仅是为了挣钱而从事的工作不会令人满足,这样的工作甚至会残酷无情地对待自由职业者。在劳动力只被当作商品来对待的制度中有一种奴役的成分,幸运的是,工作管理的理念认识到了这一点,工作管理的理念试图考虑到一个人的全部。对于刚就业的人来说,更明智的做法是去找一份报酬较低但有意义的工作,而不是找一份报酬较高但除了薪水没什么值得称赞的工作。对于那些想要摆脱工资制度的人来说,有各种各样的工作场所可供选择,比如拉阿凯(L'Arche)、坎普山(Camphill)和一些"可替代的"企业。在这些企业中,每个成员得到的钱与他们所完成的工作绩效或生产的数量无关。在这样的环境中,人们试图将工作与生计分开:个人为他所在群体的利益而工作,群体看到的是他用以维持自己和家人生计所需要的资源。这样一来,他并不是在直接推销自己的技能和精力。只有当群体的精神价值和伦理价值被群体里的每一个个体的理想映射出来的时候,这样的社会性互动方式才会成为可能。许多年轻人觉得这种生活方式比做着"劳动力"交易的常规商业世界的生活方式更有意义。

那么年轻人应该选择什么样的工作呢？人们过去常说受到召唤去从事一种专业或一门手艺，那是职业。所以问题来了：是什么召唤着一个人呢？新一代人做事的驱动力与上一代人不同：安全感曾经是至关重要的，现在的人们看重的是意义。在沉闷的重复工作中不容易找到意义，尤其是当一个人不能从正在从事的工作中看到自己将有机会去做更有趣的和不同的事情的时候。即使这个工作的发展前景会越来越好，但是当一个人不得不面对他所从事的工作就是一遍又一遍地重复一个简单的操作时，他也会离开。然而，他可能不得不接受刚步入工作时的状态还达不到他的期望这一现实，因为培训期间经常需要做单调的工作。在现实生活中，最终年轻人可能被迫去做任何能让他有饭吃的工作——直到他的发展前景变得明朗。

如果儿子或女儿最初步入职场时的工作是尝试性的，父母不需要担心。工作初期尝试不同的职业是很正常的。职业生涯的路上会有挫折和考验，也会有错误的开始，与其守株待兔地等着理想工作的出现，不如在实践中尝试那些不太理想的工作，因为理想工作自动找上门的情况很少发生。万事开头难，任何职业的起步都是艰难的，需要持之以恒的努力，这对任何一名年轻人来说都是挑战。但是，

第七章 进入宽广的洪流中

如果他已经预见到工作和生活对他的要求,而且他准备好了全力以赴,他就有更大的可能发展起来。

尽管人们必须在二十来岁的时候面对职业的选择和步入职场,但是我们应该记住前面谈到的在十九岁时的旅行带来的价值。如果十九岁时不可能旅行,那么旅行依然会在二十岁出头的时候发生吗?正如我们所了解的,旅行不仅仅是地理上的,它也是心灵上的,通过旅行来获得内心的富足,使宇宙成为自己的宇宙,扩展自己的视野,把整个世界纳入心中。这是充满了想法的世界,充满了人类伟大精神成就和已知之外的神圣表达的世界。正步入成年的人应该利用这时候的旅行扩展心魂的内涵,深化他对一切有形及无形存在的敬畏。在以后的岁月里,工作和家庭的责任将限制他广泛地寻找内心的富足。他可能一生都在学习,然而他的学习会通过他经历过的旅行和广泛的阅读而变得丰富,在青春期这些特殊的日子里,他所能学到的一切都会丰富他的终身学习。无论用哪种方式,旅行的人都可以"使宇宙成为自己的宇宙"。在二十岁出头的时候,对于准备好了要去周游一番的人来说,世界充满了机会,因为这个年龄段就是要去四处走走和尝试新体验的时候。

年轻人的活力动态还表现在友谊的形成和关系的建立

上：创建友情和点燃爱情，明白接受所爱之人的爱意味着什么。然而，这个时候也可能是一个深深地感到孤独的时刻。那种觉得自己不重要或别人没有把自己当回事的感觉通常是没理由的，但是不管怎样，这种不被关心的感受是我们必须面对的现实。如果我感到孤独，其实是我还没有和我自己建立合适的连接。孤独是在召唤人们去深入内在，是在召唤接受自我。如果一个人找到了将孤独转化为独处的方法，那么他的内在感受、思想和意志的世界就会打开。为了能够实现这一点，我们有必要接受并欢迎孤独，把它作为对向内探索的召唤，然后改变就会发生。亨利·卢云（Henri Nouwen）是这样描述的：

> 我们不能逃避孤独，试图忘记或否认它，我们必须保护它，把它转变成富有成果的独处。要过一种精神生活，我们必须首先找到勇气，进入孤独这片沙漠，并通过温和和坚持不懈的努力，把它变成一座独处的花园。这不仅需要勇气，还需要坚定的信念。正如我们很难相信干旱荒凉的沙漠能开出无数五彩缤纷的花朵，同样地，难以想象我们的孤独中隐藏着尚未知晓的美。然而，从孤独到独处的过程是任何精神生活的开始，因

第七章 进入宽广的洪流中

为这个过程是从不安的感受进入宁静的精神,从向外的渴望到向内的探索,从可怕的梦魇到无畏的玩耍。[①]

一旦你穿越了孤独这块贫瘠的土地,到达了独处的草原,就会体验到一种内在精神的平静。对于那些寻求把这种平静分享给朋友们的人来说,这样的体验使他的朋友们接收到了这种平静。

能够真正积极地接受一个人的所有优缺点的人,是那种可以成为生活伴侣的人。我们必须面对这个问题:我准备好了为另一个人的生命承担责任,而这个人将因此而依赖我吗?在婚姻或同居关系中都需要回答这个问题。任何一段关系都会对人产生久远的影响,一旦关系破裂,就会造成伤口。另一方面,如果一段关系中没有真正的交流,这段关系也会慢慢消亡。

因此,在二十岁早期建立一段关系需要更有意识和正确的判断:走这条路需要睁着眼睛迈步。

当一个人怀上了孩子,但却不想要,那么孩子会受伤,孩子的父母也会。在要孩子之前,父母之间的关系应该先

[①] 亨利·卢云,《向外延展:精神生命的三项运动》,双日出版社,纽约,1975;柯林斯出版社,伦敦,1976(p.35)。

建立并稳固，孩子的养育需要这个关系来维系。这适用于已婚夫妇，他们在承担起抚养孩子的责任之前，已经确定并建立了他们之间的关系。如果怀孕发生在还没有结婚、一方也没有给对方做出坚定的承诺的关系中，那么就必须得做出具有长远影响的决定。当这样的事发生在我们十几岁的女儿身上时，她非常明确，不去堕胎，她会照顾这个孩子。如此决定的后果从来都不是那么容易承受的，但也会带来相应的补偿。终止妊娠也有其不易，这样的决定会让人很痛苦。但可以这样说，处于这种情况下的女孩决定生下这个孩子并接受做母亲的现实，她会发现自己被新的和更深层的能量所支撑着，并将能够体验到内心的满足感。

那些步入成年的年轻人需要培养在青春期时萌发出来的目标、能力和价值观。这个阶段的人除了智性上会有一个大的飞跃，他还有强大的情感生命和还没有什么经验的自我来指导和协调心与脑的合一。实现了心脑合一，才能使人变得有担当和成熟。

随之而来的另一至关重要的一步是：做出承诺。婚姻、事业、宗教信仰、艺术上的努力，实际上，任何赋予生命意义和目的的事情都需要承诺。这个词已经让人很不喜欢了，它暗示着一种束缚，一想到除了放弃之外没有其他出

第七章 进入宽广的洪流中

路,就会让人感到恐惧。但是承诺只是外表上看起来很苛刻——它有一种犹如精美的水晶般的内在品质。因为承诺会使人自由,自由在这里的意思是指它打开了一扇门,展示出未来愿景,并且为创造性地与新的人和新的可能性互动提供了空间。一个人在成长,在生命的投入中成长。那么我们能体验到的真相是:你从某事中得到什么取决于你准备投入什么。一个做出承诺的人全身心地投入工作之中,他会收到回馈;拒绝承诺的人可能会为自己的独立而感到自豪,但他会失去一些更有价值的东西。

当一个人进入二十多岁时,我们就可以祝愿他在自己身上锻造出三件高贵的礼物。第一个是思考上的诚实,这样他就能分辨好与坏,并根据他所知道的什么是真实的来勇敢地表达自己,这样就发展出了判断。第二个是他的感受上的崇敬,对一切存在的敬畏,也就是说从丑陋的外表渗透到内在的美丽,看到所有事物中有价值的东西,赞美真相,即使它隐藏在可怕的扭曲背后,这正是兴趣的延展。第三个礼物是行动中的勇气和坚定,这能帮助他消解或排除挡在他前进道路上的障碍,由此,德行就会发展出来。

这三份礼物能使他实现他自己设定的目标,完成他的人生使命,我们将在第九章进一步探讨。

第八章

新的地平线

一旦它在某种程度上被文化和教育所驯服,它的丰富多彩性就会让个性生动活泼起来。

第八章 新的地平线

成年人生活在由两股方向相反的"拉力"构成的张力中，这两股相反的拉力试图抓住他的自我。一股是由本能产生出来的拉力，另一股拉力则会将人的自我拉向更高层次的意识。心魂里那些本能的、贪婪的和苛求的力量，包括欲望、易变的情绪以及驱使他满足其基本需求的驱动力，它们构成了能量体，促使人去主动行动或者被动反应，这个能量体通常被称为星芒体。一旦它在某种程度上被文化和教育所驯服，它的丰富多彩性就会让个性生动活泼起来。

那么这里有更高层次的自我或者更高层次的自身，它居住在精神世界中，它不像"平常的"自我那样受世俗或物质的限制。但是更高层次的自我可以照进受世俗限制的自我中，事实上是接近受世俗限制的自我，从它的精神制高点激励和引领"平常的"自我。反过来,更高层次的自我从平常的自我中吸收日常生活经历的精华。更高层次的自我是人永恒的存在,与一个人的天使保持着联系:正是这更高层次的自我,从这一世转到下一世,经历着人类进化的各个纪元。有幸体验到更高层次的自我的恩典,总是令人鼓舞和安心的。

星芒体随着身体在十四岁左右的发育获得行动的自由,而自我则随着人在二十一岁左右成年而成熟。因此,在青春期的这几年里,自我的发展比星芒体滞后了一步,然而自我有一项艰巨的任务要完成:需要驯服和征服那些在高强度和高能量状态下的作用力。这是此阶段产生各种压力的基本原因。社会期望青少年将这种受星辰力量作用的状态保持在可接受的界限内;当自我能够决定、设定并强化那些界限时,一个人的真实和自由才会提升。为了能够实现这一点,自我必须保持开放,接收来自更高层次的自我的指引。

在很大程度上,修养是一种对星辰力量的驯服和升华。人们通过这样的方式——艺术上的努力以及运动和动作的优美实现满足感。在修养上发展得越好的人,他越不需要被外部力量强制要求保持在行动规范之内。真正的文化活动具有艺术的、审美的和宗教性的成分,这样的活动为更

第八章 新的地平线

高的自我出现在人的生命中开辟了路径。年轻人变得有创造力、自由和自主，他的行为中带有威信，他会赢得周围人们的尊重。

当我们说到真正意义上的"强大自我"时，我们并不是说它是一种非常独断自负的个性，就像"大男子主义"或自以为是的自大者一样。因为在这个世界上，以自我为中心和有自我意识是完全不同的。自大者通常有一个脆弱的自我，并试图通过独断或"以我为中心"的行为来弥补那个脆弱的自我。一个真正的自我处于核心位置的人不是那种自私或自负的、以自己为中心的人。一个自我处于核心位置的人具备的特征是：慷慨的，谦逊的，清醒的和内心强大的，他有很多东西可以给予，并且很乐于给予。

对于成年人来说，有许多修行练习可以帮助自我成长，来加强自我的力量。持久的学习有助于自我的不断发展，而人对有意义的兴趣爱好的追求也会促进自我的发展。更进一步的成长，需要通过有品质的待人接物来获得，这种品质发生在当一个人觉察到他是如何听和说的时候。这时候，他开始有创造性地参与到与他人的对话中，敏感地倾听，周全地考虑，并且清晰地回应。如果人们学习如何处理降临到自己身上的危机，也有利于加强自我力量。

更高层次的自我并不会成为我们的尘世存在的一部分，它保持在灵性状态，与入世的自我有关联，但不控制入世的自我。每个人的内心深处都存有一个渴望：去找到真正的同伴，真正的伴侣。自然而然地，我们倾向于在另一个人身上寻找他或她，但即使是非常完好的婚姻也很难满足我们对在身体上、生活中以及心魂和精神上以最充分的亲密来遇见和被遇见的渴望。许多音乐和艺术作品就是这种渴望的表达。当一个人认识到他最真诚的爱的对象离他如此之远时，一种悲伤就会弥漫他的整个心魂。浪漫的音乐中流淌着一种柔情，高高地飞入天堂，就像但丁寻找他的比阿特丽斯一样。诗歌、音乐和歌曲都指向这一个真相，福音书里也传述着这个真相：这些书中都提到没有新娘出席的结婚宴会，因为这样的仪式是开启"新郎"或"儿子"与他自己的更高存在相结合的启蒙。

虽然如此，有些时候我们的更高层次的自我会离我们更近些，更清晰地照亮我们的心魂，用温暖的光充满我们的心、思想和我们的整个存在。这些是我们生命中的巅峰时期，是真正的巅峰。这不是虚假的"崇高"感觉，也不是逃避现实，仅是一种坚定的、温和的、对现实如是的接受，是一种价值感，一种与我们的最高目标协调一致的能

第八章 新的地平线

量。当一个人充满喜悦和感激时,他能感觉到更高层次的自我的"入驻"。或者,当一个人在重重困难中艰难地执行着一项艰巨的任务时,解决方案突然出现,就像一股崭新的创造力量,超出了他最大胆的期望。当这种情况发生时,他并不感到骄傲(那将是星辰力量的作用!),而是感到谦卑、感激和内心的平静:这些都是人生中的美妙时刻。

人类的精神发展到了这样的程度:自我从星辰力量的束缚中解脱出来,并且找到与更高层次的自我的连结。更高层次的自我激发出我们最真切的生命目标,它不会限制我们去实现这些目标。而且这个更高层次的自我与我们的守护天使保持着联系,这使得神性世界的光被传送给生活在地球上的我们变得可能。

健康的自我有双重任务,一是必须将秩序带入星芒体,使其臣服却不减弱其能量或色彩,二是努力向更高层次的自我开放并与之形成联结,以便接受其指引。这是一生的功课,但基石是在青春期的成长岁月里铺下的。我们将在下一章讨论经过这个成长过程而培养出来的品质。

第九章

三颗星星的闪耀

在青少年的生命里，有三种品质开始被编织进来，它们也被编织进了这本书的字里行间。它们分别是判断、兴趣和道德。

第九章 三颗星星的闪耀

在青少年的生命里，有三种品质开始被编织进来，它们也被编织进了这本书的字里行间。它们分别是判断、兴趣和道德。更高层次的自我开始在日常生活中闪耀，随着青春岁月的流逝，更高层次的自我在日常生活中的参与将变得越来越明显。

描绘人的一生的主题已经开始自行展现了。

判　断

智力的增长为大量的批判性分析打开了通路。青少年可能会对他所处的环境吹毛求疵，他可能完全拒绝周围的秩序。当自己的行动受到质疑时，他的敏感使他无论什么时候都要为自己辩护，他还时不时地会去愚弄性地甚至是破坏性地批评别人，令人不愉快。但他可以被引导着去更深入地观察，并洞悉他所批评的那些人的心魂深处留下了什么。然后，轻蔑就可以让位于评估和理解他面前的事物，这样他才能掌握事物的真相（在德语中叫"觉察"）。无论他的那些意见多么伤人或尖刻，如果他的朋友、父母和老师们愿意聆听他的观点和想法，那么，这种去评估和理解事物的能力就会增长，这是因为被认真地对待会鼓励他在说话之前先进行思考，而不是仅仅发泄自己的情绪和倾吐批评。别人的一次倾听所带给他的自信将会使他对自己说什么更有意识。有时，他的批评可能不带什么情绪，而是超理智的冰冷和枯燥（少了些路西法的成分，阿里曼的成分占得多一些）。同样地，只要你能洗耳恭听，他就会意识到冷冷地讲理的作用是有限的，天地间的事情比他迄今所梦想的要丰富得多。

这种内在辩证会发展出判断的力量，它需要无偏见的观察和客观的思考，也就是说，一个人必须把自己的个性放在一边，向他面前的真相敞开心扉。期待青少年能做到这一点可能还为时过早，他还需要进一步坚定地做自己，练习清晰地分析和努力做出客观判断将帮助他把自己塑造成一个更加平衡的人。随着判断力量的加强，他将能够权

第九章 三颗星星的闪耀

衡相关的事项，他也就能够听取其他人的意见，认识到其他人在从稍微不同的视角看待相同的事情，他将会认识到不同观点的相互作用能让真相浮出水面。

青少年需要觉察自己在什么时候带着偏见行事。他是否能够保持开放来接受与他不一致的想法，并认出这些想法中的真相呢？他能认清自己的偏见吗？如果一个人立即拒绝任何不支持自己立场的观点，那么他自己的见解就不会得到发展。许多因素的共同作用带来正确判断的形成，但最根本的因素是唤醒对真相的敬畏之心。当青少年开始发展出这种能力时，人们真的可以为之高兴。

兴　趣

第二种由自我来发展的心魂力量可以被称为兴趣：打开心扉，接收新的事物。在心能打开并接收新事物之前，必须得具备一定程度的无私和做好捕捉想法的准备，这样才能做到认真地理解一个项目或者回应寻求帮助的人的需要：把心敞开了去确认别人的需要且给予支持。被囚禁在自己内心的人不会对周围的世界感兴趣，因此也无法与他所在的世界有适当的交流。

判断与兴趣的区别在于，判断侧重于现象，客观地评测现象，而兴趣则是有能力进入现象，从而开始以直觉理解现象。当被问到对一件艺术作品的鉴赏时，这个人被叫来判断这件艺术作品自身的优劣，不管艺术家当时承受了多大的压力，或者试图表达什么样的想法，这个人所做的判断是关于这件艺术作品自身是好或者坏，成功还是不成功；而兴趣则会打开鉴赏者的心来理解艺术家是在什么样的特定环境下创作的这件作品。

有时候我们会说我们不怎么在乎别人的成就，这也许是合乎情理的，但兴趣会让我们去欣赏他们所付出的努力。敞开心扉和培养兴趣是生发出慈悲的第一步。判断只局限于评估所呈现出来的现象，然而做出判断的人，在他正在学习如何做人的时候，会发觉更深远维度的存在。如果他有勇气把握住这一点，他将会在自己的生命里发现新的资源，这些资源使他具有感同身受的能力。

这一新元素唤起同理心，点燃爱的力量。

青少年需要拓宽他对遇到的所有现象的兴趣。如果这份兴趣没有模糊他的判断，那就很好，因为他必须寻找真相。兴趣将会使他对他所遇到的人和事有一种亲切感，实际上，他能够对一个人说："我想认识你。我可以判断你的行动是好是坏，是对是错——但是通过认识你，我会看到是什么让你这样做，这有助于我接受你和你的行为。"判断需要客观的评估，调用我们的思考。兴趣采用的是一种更主观的方式，既连接了我们和"艺术作品"，也把我们和"艺术家"关联起来，这样就让我们对"艺术作品"和"艺术家"的理解更加深入。因此，对于青少年的家长、教师和朋友们来说，唤起他的这种兴趣非常重要。有了兴趣，爱便能生长。

道　德

第三种力量可以被称为道德。一般来讲，现在这个词用作指一套被传下来的良好行为标准。但是，善良不是通过屈服于规则或规定的行为准则来实现的。顺从意味着接受他人的意志，而善良意味着自由地行动。理想的情况是每个人都应该通过真正倾听自己的"内心声音"来制定自己的行为标准。与他的伙伴们和他所尊重的人们展开讨论会帮助他将自己的洞察力变得敏锐，并激励他去关注自己和他人的行动带来的结果。这也将会帮助他认识到什么是有意义的、真实的，什么不是。如果他能观察自己对日常生活中的事情的反应并加以思考，他就会逐渐掌握倾听别人在跟他说什么的能力。这样一来，他将能够创建自己的人生"地图"。在这张"地图"的帮助下,他将会追寻他的内在回应,这个内在回应可以被称为"良知的声音"。他将会更深入地探索,习得一种直觉性的道德感,而不是盲从于一套用来限制人们行为的刻板规则。这样的话,他就能更加自由而真实地行动,并完全由生发出来的理想图景指引。

想象一下,一个年轻人被邀请参加聚会,聚会上,人们开始喝酒,他看到了过量饮酒对人的影响。他渴望成为这群人中的一员,很想加入其中。他会做什么呢?他自己的价值观将受到质疑,他将不得不有意识地评估自己的处境,并决定自己的行动方向。在决定什么对他来说是正确的的过程中,他也会考虑如何支持其他人的处境:有道德感的行动总是涉及他人的,带有社会性。他或许能够做到的是让在场的每个人对自己在做什么更有意识,不是通过说教,而是通过完全地参与在聚会中,保持着与伙伴们的互动。如果他能按照自己的理想(包括他对社会交往的理想)行事,他的行动会取得一定的威信:在尊重他的同时,在场的其他人也会审视自己的行动。这样一来,其他人也各自开始变得更有意识和更自由地参与其中。尽管有来自群体的压力,但他能保持自尊自重。

第九章　三颗星星的闪耀

正如上述的例子所显示的，当出现了行动选择时，年轻人需要综览各种可能性。他需要弄清楚是什么导致了他的行动取向：是一个想法、一种情感还是一种本能？就这样，他开始分析是什么激励着他。可能出现的情况是，他发现事情并不一目了然：各种情绪交织在一起，他困惑了，或者感到被两个不同方向的力量拉扯着。可能他有欲求，但又知道这个欲求是不正确的，所以就出现了在想要得到的同时又出于内疚而抑制自己的愿望的情况。经常地，人们会逃避对这种困惑的承认，因为这会让人感到不舒服，而且这往往意味着他得把自己从出于本能而想要的东西上拽回来。

一旦他明白了是什么在激励他，他就已经开始能用思想穿透他的情绪和本能，而思考的本质就是带来平静。这样的话，他就不会被驱使着去做一些他以后会后悔的事情。

这是给自己做心理咨询的过程，因为心理咨询师就是这样做的：他会找出一个人所处心理状态的原因或者找出这人的冲动或行动背后的动机。然后，他试图让困惑变得清晰，要不然，人会被困惑所支配。清晰也会带来平静，如果一个人能平静地面对选择，他就能更好地追随自己理想的指引。此外，他不太会感到压力重重，也能够建立起自己觉得真实的观点，做那些他知道是正确的事。因此，他的言行不是出于本能或情绪的驱使，而是由他自己的思想和意志共同作用产生的。正是通过这种方式，他将找到通向具有优良品德的入口，而不是基于刻板的要求或者规则来获得。

用这种方式来发现什么是正确的，可能听起来比较理想化，但对现代人来说，就得通过这样的方式来发展自己的自由。只要切身地去这样做了，任何人都能实现自由。当一个人能够以这种方式指导和决定他的行动时，他的意志就真正是他自己的。这样的人其成长不会受迫于他人，但他可以被他的父母或其他人做出的榜样所激励，包括那些按自身的方式生活的同龄人。

这个过程的最佳情形是，这个人是完全有意识的和审慎的。如果没有思想和努力的话，那些会引领一个人采取有德行的行动的价值观就不会建立，这个人对指导的追寻就不可能发生。当这些标准被运用在日常生活中时，它们就成了这个人生命的一部分。有德行的发心是任何真正成就的前奏。

当更高层次的自我参与进来的时候，有德行的发心会在心中升起，更高层次的自我的光能够照进有意识的自我，只有当心魂准备好了并且打开的时候，像这样灵光一现的

第九章 三颗星星的闪耀

时刻才能出现。亚伯拉罕·林肯小时候路过奴隶市场,他对自己说,如果他当上总统,他就会停止奴隶交易。纳尔逊在早年的航海生涯中饱受疾病的折磨,他几乎放弃了希望。但在被他称作"突然迸发的爱国热情"中,他决定"我会是位英雄,相信上帝,我将勇敢面对每一个危险"。这段记忆一直伴随着他,直到他在特拉法尔加战役中死去,当时他说:"感谢上帝,我完成了我的职责。"

判断需要有思考活动,需要得到合适的感受和意志力量的支持。

兴趣需要我们的感受流动起来,感受能打开更高层次的自我的灵感通道。

道德寻求将思想之光带入意志,以便我们能够权衡我们的欲望和本能需要。这样的话,我们的所为就会被提升到一个更高的意识层面,并与我们的理想和谐相容。即使在紧张的情况下,我们也可以谨慎行事,而不是出于冲动地行事。所有这一切使我们的日常生活被我们的更高层次的自我所照亮。

只有付出了巨大的、持续的努力,青少年才可能习得这三项品质。当他还是个孩子的时候,世界围着他转:他处在每一件事务的中心。现在,作为一个青少年,他需要超越一切以他为中心的状态，拓宽兴趣会使这个超越成为可能。随着他的道德感的提高，他对周围的世界有了更多的认识，他就开始关心这个世界。与此同时，他会更加意识到自己的行动造成的影响，因此他不会受诱惑驱使，通过牺牲他人的利益来满足自己的欲望。这样，他就获得了指引他完成人生使命所需要的东西。随着岁月的流逝，他的目标会越来越清晰，在这三种品质的帮助下，他将能够找到实现目标的道路。

　　这是理想的状态，现在就指望他能这样做可能还为时过早，因为青少年还缺乏人生体验。然而，当他努力把这三种品质发展出来，并受到他周围人的鼓舞和支持时，他的自我力量就会增强，他将会逐渐准备好迎接那些在他成年阶段等着他的功课，他会更有能力去考虑别人的需要，他将更有能力与他自己的更高层次的自我及他周围的世界和谐共处。

第十章

狂风暴雨

青春期的孩子就是这样，和他的父母一起，以及和所有其他人一起航行，经历青春期航行中那些令人兴奋的时刻。

第十章 狂风暴雨

如果大海总是风平浪静，或者风总是朝着最适宜的方向柔和地吹，航行就不会令人兴奋。逆风和狂风会增强船长的技能，并把船员们紧密地拧成一股绳，让他们成为一个团队：帆船驾驶员学会了如何应对各种境况，并且使他的船保持漂浮和完整，最终到达了他要去的地方，停泊下来。青春期的孩子就是这样，和他的父母一起，以及和所有其他人一起航行，经历青春期航行中那些令人兴奋的时刻。

当风暴来临时，务实是至关重要的。我们也知道，天气还会再变得平静，等再平静下来时，狂风可能已经带来了积极的影响。在面对和解决每一次危机的过程中，每一个相关的人都会变得更明智，更富有同理心。

那么，我们可以为哪些狂风暴雨做准备呢？如何让察变的眼睛始终睁着呢？来尝试一下这些吧。

你的孩子学习有困难，她无法和其他人一样学习和读书。现在，有了辅正式教学之后，她勉强能应付，但她讨厌学校。她十四岁了，学校的义务教育要到十六岁。她拒绝继续上学，你知道她很苦恼，很沮丧，很不开心。她的老师们都努力过，但她拒绝与他们建立连接，老师们支持她退学的想法，因为他们觉得她不尊重人、固执己见、扰乱课堂秩序等等。

你十五岁的孩子想换学校，你知道他所在的群体惹了麻烦，有人投诉说他们在一次学校聚会上喝醉了，你发现你的孩子就要被开除。如果你立即换了学校，你就能避免孩子被开除带来的丢人现眼。

和你十七岁的女儿约会的年轻人来到你的办公室说："我可以告诉你一件事吗？我带珍去看了医生，医生证实她怀孕了。我很抱歉告诉你这个消息。"

你的儿子正在刻苦用功地准备毕业考试，压力很大。私立学校的花费昂贵，你对此耿耿于怀——他最好通过考试！家里氛围紧张，学校里也紧张，时间在一天天地过去，所剩不多。你的儿子有些承受不住了，他快要到崩溃点了。

家里的电话响了："喂，妈妈。（那是你十八岁的女

第十章 狂风暴雨

儿。）坏消息，不能说太多。露西和我在温伯格警察局——他们抓住了我们，还有杰克，我们每个人身上都有一支大麻烟卷，我们被拘留了，明天上午要出庭，你能来吗？如果我们得不到释放，可能需要交罚款。对不起，不能再多说了。别担心，我们会没事的。再见。"

作为父母，你们将如何应对那些突然困扰你们十几岁的孩子和你们自己的危机呢？其中的不安可能是极其不舒服或具有挑战性的，也可能会影响到你的声誉，解决方案可能是充满艰辛而代价高昂的。从最初的震惊中回过神后，你可以从这样的想法中得到安慰：无论多么严重和令人震惊的事情发生了，都属于正在展开的人生模式——但是当危机迎面而来时，你很难保持冷静。如果有人对你说"别担心，一切都会好的"，那是没有用的，这个时候也不是对父母或青少年说一些关于命运和神圣指引的善意话语的时候。这里有伤口，正在流血，有伤员需要帮助。正如神父和利未人在去耶利哥的路上，经过那位受伤的人，却没有停下来，他们本可以用《圣经》经文来开恩，告诉他这样的灾难只会降临在那些罪人身上。谢天谢地，有一位撒玛利亚人经过，他很务实，很快就着手处理伤口。

做好准备

有各种途径来减少发生错误的风险：一种是开放讨论敏感话题，表明自己不会感到震惊并且"孺子可教"。一个人需要为自己树立高标准的诚信，同时要有一颗温暖的心，它能驱散一切笼上心头的灰暗。然而，即便如此，可能与身体从疾病中得到磨炼一样，人的成长也需要危机的发生，从而改换一种模式或促成新的决心之事、新的计划或更良好的沟通。无论遇到什么挑战，都可以将消极因素转化为积极的能量，创造性地实现自我改变。

通过留意孩子日益增长的不安所表现出来的早期迹象来预防危机的发生，或者至少是降低危机的影响，这是好事，尤其是当青少年自己表现出压力越来越大的迹象时。这些迹象不难被发现，最常见的是交流的减少：当一个年轻人开始变得内向，这表明有他无法应对的事情正在折磨他。不安的表情、自主参与的程度降低、某种忧郁或乖戾，都表明有问题了。如果他能说出来，这将帮助他对现状有个全面考虑——但这可能需要柔和与睿智来创造一个使他能表达出来的机会，这样的机会以一种他可以接受的方式出现。一般来说，没有必要给出实际的建议，好的咨询师不是指导而是鼓励和帮助人们为自己找到解决问题的方法。如果青少年已经形成了不容易动摇的自我概念，那么他为面对困难时刻做的准备会更到位；当青少年出现差错的时候，正是他的自我概念受到威胁的时候，因为青少年还非常地脆弱。给青少年们提供照顾或者咨询的人需要在其整个方式中带入一种对青少年的态度，一种能滋长青少年的个人价值感的态度。如果青少年在童年早期经历了不寻常的困难，那么他就不容易找到自我价值感，如果他在青少年时期没有获得自我价值感，那么他在成年后的生活中可能会受到打击。

当危机发生的时候

当危机发生时，家长和青少年都会问："我们可以向谁求助？"有一个"支持圈"很重要，这意味着你要预先有意识地建立起一个可以求助的圈子，例如，父母自己的兄弟姐妹或其他家庭成员，或者是邻居、特别的朋友、教父教母。还有一些更客观、更专业的人可以提供支持，比如牧师、神父或教会、家庭医生、社会工作者、教师和学校心理咨询教师。或者，如果有电话咨询服务，他们可能更愿意联系自己所在地区的电话咨询服务，比如生命热线或撒马利坦会等。

对于更严重的问题，如涉及毒品的问题，应向专门处理这类问题的机构征求意见。（这在后面的《沾染毒品》一节进一步讨论。）

首先，父母之间应该自然地与彼此沟通交流，但实际情况可能并不像我们说的这么自然。在通常情况下，妈妈们都是孤身一人，而爸爸们尽管具有阳性领导力，可他们自己却不愿采取直接的行动。在陪伴孩子成长的路上，父母双方联手是必要的，妈妈和爸爸形成合力以解决问题。在问题出现的时候，对青少年来说，特别重要的是让他知道他的父母是站在一起的。父母们可能首先要清除他们彼此之间已经出现的障碍和填补存在于他们之间的空隙，这是一个痛苦但必经的过程，在这样的过程中，父母双方可以看到彼此处事方式以及同一件事给彼此带来的内在感受的不同。孩子身上所发生的事情会迫使父母交流分享和检视彼此的态度，所以孩子的问题可以影响到父母之间亲密关系的加深与否。无论是对父母，还是对青春期的孩子来讲，做到这点同等重要：去面对和认真理解他们自己对事情的情绪反应。

如果青少年也意识到了自己的"支持者"，那就很好。

第十章 狂风暴雨

除了父母和最要好的朋友以外——如果他有要好的朋友，他可能还会求助于同龄群体的不同伙伴，而且兄弟姐妹们也可以提供分享秘密的空间；有时，祖父母恰恰是合适的支持者；在理想状态中，老师应该是与孩子直接相关且能给到帮助的那个人；其他合适的支持者也可能包括导师、牧师或社会工作者。

父母们要建立起自己的支持圈，这个建议听起来可能有点刻意，的确，你可能会觉得这显然是人为地营造关系圈。人们必须得"指定"他人来承担"患难朋友"的角色吗？——嗯，为了做好准备，人们是需要这样做的。那些愿意支持你的人不会不情愿帮助你，反而是你可能不愿意请求别人的帮助。不得不寻求外人的帮助往往会令人有困窘的感觉，因为这意味着软弱或无能，你可能会发现表现出软弱和无能是一件很难做出的事。所以，在任何需要外援的情况出现之前，弄清楚在遇到困难的情况下你可以向谁或者哪些人寻求帮助是很值得做的准备。单亲家庭尤其需要这样的支持，单亲妈妈或爸爸可能会想："如果我有一个可以分担这些麻烦的伴侣，事情就会变得容易得多。"但足以令人感到奇怪的是，许多"关系稳固"的夫妇会说，实际上，当面临家庭问题时，他们之间的共同点也是少之甚少。

除了上面提到的可能会引起争议的这一点（如果真是引起了争议的话，那就好了！），父母们，特别是单亲父母，如果确实建立了一些相互信任且对彼此有信心的朋友关系，这些朋友还能保守个人隐私，那么单亲父母就能更好地面对危机。如果父母与所在教会的牧师或者神父有些接触，而且也了解牧师或者神父，也能邀请牧师或者神父介入当下的危机。这样的关系也不是想当然地会发生：它需要父母的努力和开放。

压力源

现在让我们来看看哪些情况会给青少年带来压力，他们在哪些方面需要我们的理解和帮助。首先是那些来自外界的、突然给他的生活模式带来改变的事情，这包括三个主要的变化：家里不得不搬到一个完全不同的地区，造成居住地的变化；家庭成员的死亡；父母婚姻的破裂。还有一长串的属于他个人的事——对他来说可能是隐私。这些事或多或少涉及他人，都是关于人际关系亲密的问题。比如失去一个朋友，这可能是由于搬家了，也可能是一些新人进入了他的密友圈子，并成功地使他和他朋友已有的友谊中间出现了竞争者。还有可能是那些令人心酸的经历之

第十章 狂风暴雨

———与初恋男女朋友分手,对方和别人好了。这样的分手,或者那些影响到安全感和对友谊中的一对一关系的威胁,在青春期这样不稳定的时期会给人带来创伤,处在这个年龄段的人的情感反复无常且敏感。

此外,可能还会出现其他问题:以前对他有意义和有吸引力的活动、社团可能会随着他的青春期的发展而失去吸引力,属于童子军的活动可能会变得令他感到乏味,或者是教练的更换可能会破坏他参加骑马或游泳俱乐部的乐趣。像这样的情况会给年轻人的生活带来空虚。

在学业上也可能会出现麻烦事。一个学习缓慢的人可能会发现自己要跟上班里的其他同学挺难的,他需要额外的辅导、辅正教育、更换学校,或者他上学就是为了参与一下和得到父母的鼓励。一个勤奋的人通常最终能完成学业,但是如果他真的跟不上并且不断遭受挫折,那就应该寻求一些建议了。不管是哪种情况,都需要解决所面临的问题,要在年轻人失去自尊之前,或在他们试图通过不良行为,如抄袭他人来掩盖他不佳的学业之前就去面对这些问题。

但也有可能发生这样的情况:一个学生成绩很好,而且一直都保持得很好,从某天起,他的成绩却毫无理由地突然下降。找到他成绩下降的原因可能并不容易，原因可能深藏在青少年的心魂深处，这个原因可能会导致他的梦想幻灭，甚至精神崩溃。有一个非常聪明的女孩，她在十四岁的时候告诉父母，她已经下定决心学医，要成为一名医生。她在学校的表现和性格都很好，成为医生是激励她的一个目标。但她父母的反应却是："难道你指望我们来给你交七年的学费吗？学成了你就结婚了，一切都白搭了。"从那一刻起，她的成绩就开始下降，没有了取得好成绩的雄心壮志。从那以后，她的生活就变得不那么容易了。

无论在什么情况下，成绩下降总是对父母们发出的警告，提醒他们去努力发现青少年身上究竟发生了什么。这也可能会是青少年沾染了毒品的迹象。

与学习成绩排名表上的下滑相反的情况是，存在着这样一个问题：这个学生非常聪明，他所在班级的课程对他来说太简单了，他觉得无聊。这可能会导致消极的结果，那我们需要做些什么呢——可以调整对他的教学安排，或者和这名学生单独交谈，让他能够以一种积极的方式接受班级里现有的学习状况。

另一个引发问题的个别情况是校园霸凌。同龄人之间的关系可能会非常残酷，尤其是对于那些自我意象不佳或

第十章 狂风暴雨

者那些因为种族、宗教、社会或政治原因导致没有归属感的人而言。我哥哥的遭遇就是出于这个原因。我们虽然是英国人，但在我童年时代，我们住在佛罗伦萨，当时，墨索里尼统治下的法西斯政权正如火如荼地进行着。我的哥哥，当时已经是一个十几岁的孩子，在一所常规高中上学。在那里，他因为是英格兰人而受到老师的打击，全班同学都一起骂他。过了一段时间，他被这件事彻底击垮了，不得不离开学校，在家通过函授学习。不久之后，我们回到了英国，没过多长时间，他患上了肺结核。作为一个艺术气质型的人，他比平常人要敏感得多，这段经历给他造成了心理创伤。

由性欲的唤醒而引起的内在剧烈的变化是造成压力的另一个原因（我们已经在第五章简单地提到了这一点）。如果一个孩子在家庭环境中被剥夺了爱，他更有可能在性方面遇到问题。如果家人能在遵守良好的道德标准上树立榜样，如果父母能表现出他们对谈论性的各个方面是开放的，那么青少年显然将能更好地处理关于性的问题。当理智和本能结合在一起，而把心排除在外时，性就成了一个问题。智性和性之间存在着一种神秘的关系，从诸如"一个男人与他的妻子同房"①这样的表达中可见，这种关系是公认的，而且"概念（Conception）"②一词的双重含义也呼应了智性和性欲之间的关系。当年轻人的心智被思想世界所吸引，以及被激发他道德情感的事情或问题占据时，他的本能将不太可能挟制他的想象力并充斥其中。精神上感到无聊会给青少年造成消极影响，媒体对他感官的轰击也会带来消极的影响。使性行为步入正轨的一种积极方法是发展心的力量：一位可以通过给予他人关心来表达自己的喜爱之情的年轻人会发现性欲的驱动不太可能淹没他，因为那时候关系会转向给予，而不是索取。真正的温暖的喜爱是体贴的、温和的和有耐心的。体验过真正的喜爱之情的孩子就能够成长为这样的年轻人：他自己能够把他的喜爱之情给予相关的人。如果他在儿童时期缺乏这份真正的喜爱，到了青少年时期，他可能就需要特殊的帮助。性的力量是自然的礼物，我们要欢迎它的到来。然而，正如植物的生长需要培育，否则它就会枯萎或狂野地生长一样，性的能量也是如此。正如我们在前一章中所描述的，判断力、兴趣

---

① 原文是"a man knowing his wife"，这是《圣经》里的一句话，意思是男人与他的妻子同房。在古英语中，"know"这个词除了"知道、学问"之意，还用于"了解身体"，表示有性交行为。——译者

② 在英语中，"conception"有两种含义："概念"和"受孕"。——译者

第十章 狂风暴雨

和道德这三种品质可以发挥积极正向的力量，环绕着生发起来的性欲。

举个更具体的例子，作为父母，当你得知你十七岁的女儿服用避孕药时，你会做何反应？如果你女儿本来不想让你知道这个秘密，就是说现实情况不允许你跟她敞开沟通这个话题，你如何处理这个新冒出来的问题？首先，你需要处理的问题是如何开启沟通，沟通开启了之后，女儿才有可能与你分享那个秘密。如果能和自己的母亲谈论自己在性方面遇到的问题，她在内心深处会很乐意，因为她可能正遭受着愧疚，渴望有一种途径来帮她摆脱这种感觉。

还有一些其他的压力源，其中有两个影响特别强烈，可能会使青少年失去平衡，把这两者放在一起可能会让人觉得奇怪，因为它们是毒品和宗教。毒品的广泛传播，有害人的健康、伤财、具有破坏性、让人拉帮结派、让人上瘾。也许人们最好不要用这些词汇来形容宗教狂热，但宗教狂热也有危险，它能迷惑人，使人们陷入一种近乎上瘾的非理性状态。的确，一些具有情感感染力的宗教运动拯救了那些毒品成瘾或酗酒上瘾但是想从中摆脱的年轻人，使他们戒除了这些不良习惯，但要使诸如这些不良习惯的改变发生作用，需要一种迫使性的信仰。在宗教活动中也存在着危险——它会掌控住一个年轻人，暗中消解他内心的自由。

如果一个青少年深受这两种情况中任何一种之害，他的父母该怎么办？父母着实应该先带着积极的兴趣，对宗教给人带来的吸引力表现出尊重；对于毒瘾，父母至少要有兴趣了解毒瘾是如何产生的，并清楚地跟孩子表明，正是出于对孩子的尊重，他们才会感到担忧。无论是吸毒成瘾还是宗教狂热信仰，父母们都应该试着理解这种活动对人的吸引，父母需要敞开心扉。他们自己必须准备好，去看穿事情的表象。在这个过程中，父母和孩子会被拉得越来越近，并且孩子跟他自己的距离也会越来越近。

沾染毒品

如果对有关毒品问题的每个方面都去研究的话，我们就做得过犹不及了。有些父母自己就经历过，所以他们可以说说自己的经历。那些没有此经历的父母就需要了解一个充满奇怪事件和令人困惑的自相矛盾的世界。我想在这里只讲讲关于吸大麻的某些问题。

吸毒者变得更加冷漠，但内心深处却变得更加恐惧。他表现出傲慢，并自我辩解，但心中也知道吸大麻不过是在玩

第十章 狂风暴雨

火:他正在走一条成瘾之路。吸毒从自我膨胀开始,以自我碎裂告终。那些寻求更强药力的毒品的人可能会招致灾难。

药物引起的幻觉与真正的精神洞见毫不相干。新一代的人们渴望扩展自己的意识,而毒品文化通过提供幻觉来扭曲这种渴望。

今天,我们正在与阻碍人类高级能力发展的黑暗势力作斗争。例如,共同体的形式应该成为社会发展的新希望,共产主义在发展这种形式上抢先了一步。而在福利国家,一个充满关爱的社会的逐渐形成被它的政府官僚主义所削弱。社会发展本该促进人的进步,却被一些夸张的官僚说辞所阻碍,这些官僚主义宣称自己能带来所有的好处,并声称自己是"真家伙",但实际上却延缓和阻碍了人的真正发展,并把无辜的人们拉进他们的势力范围。

我们如何理解这种令人沮丧的倒错造成的迷惑?

当代的青少年被学校里发生的事和媒体带来的感官刺激所淹没,这些超出了他的消化能力。所有这些——学校的课程、媒体娱乐和紧张的城市生活混在一起,如一股激流冲向了他。让这个世界停止运行,然后"下车"的渴望就会升起来,这是此时青少年的一个心理特征。与此同时,如今人们强调要做一个独立的个体,这让他燃起了去拥有一种创造性的、独立的生活方式的希望，但这种希望也会在他接下来发现自己处在没有什么发展前景的事务中的时候变得暗淡无光。困于这种处境中，年轻人说"不，这里没有希望"，并寻找出路。"当我们都注定要加入你死我活的竞争中时，我怎样才能找到关系、理解、沟通以及与他人一起从个体形成整体呢？意义何在呢？"他看到的世界充满了自私、丑陋、物质目的和暴力，他无法面对这些。取而代之地，他寻求的是一种能找到和谐、喜悦、狂喜的途径，或者至少是一种能从压力中解脱出来的途径。

当机械式的媒体娱乐成为青少年的生活方式，他就会出现孤独和无聊。无论是录音带还是电视，任何被动的娱乐形式都不能真正使吸收者心满意足，因为他没有做任何创造这些声音或内容的事，只需要按一个按钮。而且放出来的也不是真正的音乐或声音，只是声音和音乐的电子版本。困扰着年轻人的不快、孤独和无望，这些来自他自身以及由环境造成的感受，被许多媒体内容中含有的丑陋和暴力所强化。这与自己创造的东西相比，或与那些现场表演让人亲眼看到和亲耳听到的东西相比，是多么地不同啊！

于是，就会有这样的愿望升起来——停止这样，去做

第十章 狂风暴雨

梦,去发现一个和谐的世界,或者用"魔法"召唤出漂亮的形式与色彩来驱散呆板的立方体投下的灰影;去扩展,去抓住一些能让人解脱的事物,哪怕只是一个小时的喘息。于是就这样开始了吸毒。那会结束吗?也许会,有如一个尝鲜期会随着时间逝去,但是,如果持续下去,其结果是摧毁意志力、专注力和自尊,而且最后也许会走到面临严厉的法律惩罚那一步。

所有接触毒品文化的人都必须面对这些矛盾,青少年们自己也必须面对。你可能会在你的孩子吸大麻一段时间后才发现他在使用大麻。当被质疑时,孩子首先会否认,然后是拒绝你干涉的权利,并声明自己并不是习惯性地吸,他可以随时戒掉。如果你连这点也质疑,那么他会坚持说其他可接受的"瘾",比如酗酒,比这还糟。你也许能让他答应放弃,但你必须知道,这并不容易,即使他做出的承诺是真诚的。成功地戒除毒品需要改变自己的休闲娱乐方式,拥有能支持到他的同伴。

毒品的使用很普遍,而且有诱惑力。父母应该了解这方面的信息,并公开谈论毒品的危险,讨论有哪些真正的途径可以获得精神体验。这样的探讨可以"摘下敌对力量的面具"。①

面对这个问题，需要清晰地认识到青少年作为一个人与他的行为之间的区别。一个人所做的行为有待评判，甚至谴责，而不是这个人要被评判或谴责。因为在每个粗暴的"吸毒者"背后，都有一个脆弱的、焦虑和挣扎着的年轻灵魂。虽然他表现出一种防御的姿态，但他是在竭力呼救，寻得理解和爱。"现在不要抛弃我"，这个声音要被听到。也许专业的戒毒咨询是必要的，但对于父母来说，非常重要的是：无论孩子在做什么，父母都要与自己的孩子保持近距离并且温暖地支持他，因为吸毒对年轻人来说是恐怖的，特别是如果他们被卷入了毒贩和缉毒队的交火中。在他们自己的内在，也面临着"两者的交火"：一面是他们知道做事要明智、合乎情理，另一面是迫于伙伴的压力要去尝试一下毒品的强烈欲望。所有这一切都是为了逃离他们周围的这个似乎并不是为他们准备的世界。

寻找解决之道

找到每个问题的解决方法是一个创造性的过程，通常需要人的互动，人们必须聚在一起交流。人们在一起提问、

---

① 此句出自这本短小且非常相关的书：L. F. C. 米斯的《毒品，对人类进化的威胁？》，摄政出版社，伦敦和纽约，1973。

第十章 狂风暴雨

探讨和辩晰会释放出一种直觉性的疗愈能量，使得充满希望的音符奏响，视野变宽，人对事物的理解也会加深，然后一个想法就可能如黎明破晓般地出现——新的光带来了温暖人心的勇气，问题变得可以接受、解决。这时候，那些身陷麻烦的青少年点亮了他们自己的内在资源，去应对任何需要应对的事务。

在解决问题的想法形成之前，必须清晰问题是什么。这个过程需要"黄金时光"①和内心的平静。在非洲生活的人们学会了如何处理丛林火灾——当你发现一场丛林大火正在肆虐，只靠自己冲进去动手扑灭它是不可能的，你要召集人们一起来帮助救火，并决定你的灭火策略。在这个阶段，你不得不让火继续烧着。你需要考虑风、正在燃烧的植被以及继续蔓延的火焰会威胁到什么，然后决定把精力集中在哪里。也许你会决定压根不去灭火，而是在火焰的前方清理出一条隔离带，这样当火焰到达那里时就会自动熄灭。无论采取什么策略，最重要的是在你自己被压倒之前召集援助，并清晰地思考，制订出一个冷静地评估形势后的行动计划。

如果青少年能克服不愿与父母分享的心理，许多问题

---
① 父母留出的专门讨论与家庭和孩子相关事务的时间。——编者

就能预防；如果父母能跟上青少年的发展，跟上他们正在经历的青春岁月的各个阶段，父母就会发现找到解决方法变得容易些。青春期里发生的事件是动态的，没有静止不动的时刻，没有什么是一成不变的，唯有的是运动和变化，而且总是向前发展着的。

那么，我们来总结出一些解决问题的指导原则。当问题出现时，有这样的几步可能会帮到你：

· 接纳发生的问题
· 把事情参透，找到问题的要点
· 清理自己的情绪，承认自己的感受
· 与你的儿子或女儿开诚布公地讨论它
· 评估事情的严重性
· 在你的脑海中形成一个画面，在画面中想象每个被涉及的人都在经历着什么
· 心中生发出温暖和理解
· 有让自己静下来的时间，寻求内心的指引
· 请求那些你可以信任的人来帮助你

你的孩子和你分享得越多越好，因为他通过表达出来

第十章 狂风暴雨

而让自己的思想变得更加清晰,清晰的思想会消除他的忧虑,他通过自己正视事情本身而找到解决办法。他最初呈现出来的问题可能只是一个深层问题的外显,有可能需要对其进一步探究,所以重要的是你要清楚什么时候需要专业人士的介入。然而,最好不要把任何问题都放大,你要观察自己对事情的反应并且判断自己的反应是否真的合理,这点也蛮重要的。

有时候,找到一个解决方案并不容易,可能需要你们进行更多的交流后,解决方案才能浮出水面。从长远来看,快捷的解决方案往往没有多大帮助,把与事情相关的方面都考虑到,对事情的评估做得足够充分,这样,你们做出来的解决方案才会更有价值。你们最好制订一个明确的计划,厘清在解决问题的过程中不可避免地要做的事情以及弄清楚它的作用和影响。在帮助青少年时,父母的权威性仍然很重要;年龄大一些的青少年则应该自己去寻找解决方案。不管解决方案是通过父母还是青少年找到的,重要的是青少年自己要相信这个解决方案,否则它不会起作用。

就像我们之前说过的[①],问题最好是由外人提出来,而不是父母,这样青少年会感到有更多的自由空间来打开自

---

① 见第二章。

己。当他遇到困难的时候，他可能会避免和自己的父母说，转而求助于已经成为他导师的朋友，家长们可能会觉得自己被排除在外。作为父母，如果你觉得这位导师似乎在干涉你们的事情，你就很容易对他产生怨恨情绪；如果父母能够接受和理解，那么心中就会生发出感激，因为至少他们的孩子能够向一个可以帮助到他的人敞开心扉。这种感激之情可能会让导师成为父母和彷徨少年之间的桥梁。

父母会发现，他们必须带着极大的爱来处理遇到的问题。对父母来说做到不带有评判可能挺难，但如果他们能避免在孩子面前表现出"比你神圣"就挺好的了。青春期是一个成长过程，孩子在这个过程中所经历的许多变化会不可避免地带来问题，但问题的出现说明这里需要改变，处理这些问题的合适态度是：能够把处理问题看成有价值的人生经历。

青少年所处的环境和他所取得的成就也许都很好，但他的世界在不断地变化。随着他的新身份的出现，他对自己的感觉不同了，与父母的关系也会变得不同，他与父母的关系变得不那么密切，因此更多的是依靠自己。在丢掉了与父母关系的原有架构和增加了自身自由的情况下，他会感到自己被暴露在外，感到不确定，也不完整。他可能

第十章 狂风暴雨

会发现他从未像现在这样孤独过。身体的发育成熟可能会带来一定程度的自信,但这是外在的。在他的内心,由于他对自己有不确定感,他体验着一种由感到不足够而痛苦的感觉;正在他内心世界里发生的成长和外部世界发生的事之间存在着张力。

因为他感到自己是独自一人,所以对他来说,不容易与另一个人分享自己的内心经历,分享这样的内心经历是在凝视他的困惑和空虚,他不会轻易把这样的机会交给另一个人,哪怕是父母。打开自己的内心,他感到自己是多么地脆弱,他暴露了自己的弱点,这挑战了他的自尊,可能会使他感到丢脸。在不多见的时候,他会真正地打开自己,家长可能会把这视为一个教他东西的机会,这时候父母们反而需要克制住自己,最好是用爱来包裹他的痛苦。

年龄大一些的青少年表达自己的方式可能多表现为唐突、不耐烦、不理智或蔑视,这是他目前用来展现争取独立的那股劲儿的唯一方式。避免打击到这股劲儿至关重要,但这并不意味着父母必须容忍他的不良行为。如果你能透过现象听到他诉说的话——"请不要淹没我,我正努力成为一个自由的人,我必须为此奋斗。可现在我感到要闷死了,我无法控制自己的反应",那么你就在陪伴孩子成长的路上前进了一步。

这种对独立的渴望是年龄大一些的青少年经常拒绝指导性建议的一个主要原因，因为来自别人的建议会让他陷入一个两难的境地。他做不到自己去考虑这些建议是否有帮助，他只把它们看作一种令人讨厌的、对他的自由的侵犯。他不喜欢屈从于权威，如果他听从别人的建议，就等于说他在做别人规定的事，他不是在自行行动。如果他为了维护自己的独立而拒绝别人的建议，他是在骗自己说这样做他将会感到自由，尽管他发现他并没有因此获得自由。有多少次，一个人在回顾自己的青少年时代时，会对父母说："我知道你告诉我的那些话是对的，但我当时无法接受。"

这意味着在与我们正值青春期的儿子和女儿的相处过程中，我们必须记住另一个点：青少年几乎不可避免地要经历几次困惑期，尽管他可能没有意识到这一点。父母可能很难理解为什么青少年会有这样的反应，唯一能给父母们的指南是设法在孩子所处的位置迎接他，而不是在父母们认为孩子应该在的位置。这意味着尊重他的困惑，因为困惑也是他努力把自己搞明白的过程中的一部分。

参与其中

当事情变糟的时候,父母必须介入,也可能需要其他人的参与。如果我们的想法是"这是他自找的——现在他必须来承担这一切",这样的想法可能会招致大祸,我们也草率地忽略了注入兴趣和爱的机会。应对危机和麻烦会使人们走到一起,包括父母、孩子和周围的人,所有人都会以某种方式给出他们对彼此的关爱,人们都会在这样的过程中有所收获。

沟通和理解是必要的,直面问题也是必要的。会倾听的人能使年轻人说出他的感受和困惑,从而使年轻人看得更清楚。倾听者不用自己直面问题,但通过举起镜子,他让年轻人能够正视自己,成为对自己意图和行动的判断者。与对年轻人发一通火相比,这种做法才是更真实的直面问题。青少年可以通过正视自己而成长,如果他面对的是父母的情绪,那他无法成长。

这里提倡的不是柔软而是坚定,不是让步而是理解;不仅仅是容忍,还要努力把每一种状况都转化为积极的方面。如果一个人因为自己内心未了结的冲突而对一个青少年生气发火,这位青少年心中就会理直气壮地对这样冲他而来的发泄升起怨恨。其实在他的内心深处,他是能尊重对他公正地表达愤怒的——当他因为欠考虑和自私而让自己消沉或带给别人痛苦的时候。当那个高中生跟我说我十六岁的女儿怀孕了的时候,我试图克制住自己——不过,我发现自己说话时带着一种我很少觉察到的力量和诚挚。当触及人生议题,你就会在自身中找到这样的内在资源。

青少年也是如此——他正处在面临许多人生议题的阶段。

第十一章

并肩同行

被遇见的年轻人将不会忘记这样的相遇，其价值将与他同在，将支撑他的一生。

第十一章　并肩同行

有两个世界在向青春期的孩子们打开：外在世界和内在世界。外在世界使他接触到周围发生的一切，使他与人邂逅，与许多愿意教他的人相遇。外在世界是一个对年轻人有高要求的世界，需要他们积极地参与到世间活动中，有时他会感到与之连接，并完全投入其中；其他时候，他又会感到与这个外在世界的疏远。这时候，他的生命中会出现许多关系：不仅有与他的家庭成员的既定关系，有与他的老师和学校伙伴的关系，还有一些与具有特定品质的人的关系，这些人的特殊品质是他所寻求的生命品质。然而，其中一些关系会让他失望，另一些会让他苦恼。会有这样的时候：他感到与世隔绝，感到孤独；他会看着周围发生的事，却无法加入其中。直到一些敞开的姿态或者向他伸出的手再次把他包含进去，孤独才消失。也会有这样的时候：他就想自己待着，以便从中汲取新的力量，在学习或者个人能力上取得新的发展，这样，他就会在今后贡献出更多。

还有另一种孤独，这与他的另一个世界（他的内在世界）有关。在他十几岁的时候，他的内在世界在他生命里出现。这是一个有内心感受的世界，一个意识到自我的世界。他更深层次的灵感和内在的指引来自这个世界，这些灵感和指引会帮助他做出决定，并解决那些触及他的价值观的问题。因为这个世界是很个人的，所以他很难与他人分享这个内在世界里存在着什么。在青春期这些年里，这个内在世界在发展着而且仍然柔嫩，它构成了年轻人生命体验中的新领域。与外部世界的强度和确定性相比，这个内在世界可能显得没有什么意义：它似乎与外部世界相距甚远，以至于年轻人可能觉得自己无法同时生活在这两个世界中，必须选择在哪一个世界中生活。这个内在世界不是建立在被给出的事实或形形色色的基础之上的，好像在这个世界里必须允许一切事物生长，需要通过细致敏锐的沉思才能认出在那里面正长着什么。这是一个神圣的地方，即使是年轻人自己也不可能完全知道它包含着些什么。在

第十一章 并肩同行

这里产生的想法可能是非常伟大的，使他对自己的人生充满希望，尽管前景似乎令人生畏。这里是动态的、不断变化着的，指引着年轻人走过欢乐的巅峰和悲伤的低谷。正是在这个地方，他意识到他自己的存在，但也知道这里是脆弱的。存在于这个世界里的一切都不为公众所知；任何入侵都会给他带来被侵犯的体验，都会带来他对嘲讽的恐惧。如果嘲讽发生了，那么这个人可能会被深深地伤害，他的反应会是：否定这个内在世界，关闭这个世界，把注意力集中在那些不要求他对自己非常有意识的外部活动中。但是他在这么做的时候，实际上是在否认自己和回避自己，所以就不再关心什么才真正地属于他自己。

年轻人需要被鼓励着去接受这个内在世界，并敢于去探索它。能够与别人分享对内在的探索会帮助他发现其内在有什么。作为接收分享的人必须意识到自己被允许进入了一个非常私密的地方，这个地方仍然在逐渐长成的过程中，作为接收分享的人必须尊重这个地方，把它视为对其主人有重大意义的地方。能做到这一点的人首先必须愿意认识和接受他自己的内在，同时愿意以健康的方式参与到外部世界的活动中。

被允许进入这个内在世界的人实际上是在与分享者并

肩同行：他遇见了分享者，分享者也遇见了他。青少年在创造自己的过程中渴望被遇见和被肯定；但是，对一个年轻人来说，以这样的方式被遇见是很罕见的，因为很少有人在自己身上培养出这种敬畏的态度、这种敏感和无私——在理想情况下，一个人进入另一个人的神秘圣地是需要这些品质的。这些品质确实是人性的标志，构成了建立真正关系的基础。这些品质是需要付出努力才能获得的，但任何人都不应觉得自己无法取得这些品质。即使只是渴求这种敏感性的人，也可能会发现自己被召唤进一位青少年的内心世界，虽然没有准备得很充分，但能获得进入他内心世界的准许，并且在那里与这位青少年建立关联。被准许进入的这个人要能够认可自己的成长潜力，并且渴求自己身心的完整。这些将帮助他不带误解或侵犯地进入青少年的内在世界。然后，他必须把自己的愿望、想法和担忧放在一边，怀着温暖，对青少年与他分享的一切保持开放。

点燃新的关系需要燃点，这通常开始于一个人想从另一个人那里得到些什么。从任意一方去点燃都可以。对于一个看起来似乎不那么具备某种品质的人来说，被天生具有某种品质的人求助是一种肯定。耶稣在撒玛利亚的时候，坐在雅各之井旁边，在那里他遇见了那位妇人：他们的遇

第十一章 并肩同行

见起于耶稣向她求水喝（《约翰福音 4：7》）。遇见只能在完全的彼此尊重的基础上发生，一个在内在成长上已经取得了进展的人不应该期待为了帮助青少年而去遇见他，这可能是出于傲慢姿态。我们有时使用"平起平坐"这个词，这是一个很好的词，因为它意味着这种遇见肯定了两者的同等价值。十几岁的青少年渴望自己的世界被肯定，但他身边通常围绕着那些教导他的人们，他们指引他，把他从失败中拉出来，并断言他需要学习。这从外在来看可能是合适的，但他从那些既能纠正他又不会让他感到处于劣势的成年人那里能学到更多。内在空间里的遇见没有企图改变什么的动机，有的只是确认。事实上，这样反而会带来改变，改变以一种不同的方式发生：这里将不会有说教，但青少年会通过经历如此这般的遇见而成长。

能够遇见青少年的人会尊重在青少年身上逐渐呈现出来的永恒的部分。倾听和说出自己内心最深处的感受的能力会促成真正的遇见的发生，而这种遇见发生的标志是双方都在自己身上发现了新的深度。到那时候，那些蛰伏在他们生命里面的本能动机和抱负就都被唤醒了。曾经被不安全或混乱所笼罩着的思绪和感受在这时候会变得清晰可见。良好的倾听者能唤醒沉睡的记忆，并把光投射到人们试图忘却的、纠缠人心的经历上。当一个人终于敢于对另一个人说出他以前从来不敢对任何人说的话，这是多么美妙啊！

这才是遇见和被遇见。

这样的遇见给予了肯定，让人心安，它会释放出能量，使人们为其所看重的理想而奋斗。它肯定了青少年正在秘密地培养着的品质，这些品质是那些不理解的人看不到的。对青少年来说，以这种方式被遇见具有长远意义，因为这样的遇见使他接受自己内心深处的自我，并继续探索它，发现它的价值。在理想情况下，如果青少年要成长为一个充满力量的成年人，这样的遇见不应该仅有一次，而应该反复地发生。

在这个空间里，会显化出超越了个体自身的东西，那就是"我"，但它又不只是"我"，因为正是在这里，我们触碰到了人性本身。

当年轻人发现他自己人性的部分，发现他自己的深度和潜力，并且他的发现得到了一位能真正地遇见他且能理解他的朋友的肯定时，年轻人将能够怀揣勇气、带着接纳和崇敬去认识他之外的世界。但是，如果没有任何一个人遇见、肯定和鼓励他的话，如果他因为不相信自己而不去

第十一章 并肩同行

敞开内心,或者不相信任何走近他的人而没有允许任何人走进他的空间的话,那么他的这一部分就有枯萎的危险。他的生活可能就会变成只是对外部所发生的事情的被动反应,或者他会把自己封闭在自己的内心世界里,他与世界的联系就会变成一场不真实的表演,只给出被世界所需要的东西,而不是展现出自己。

被遇见的年轻人将不会忘记这样的相遇,其价值将与他同在,将支撑他的一生。但这样的相遇需要孩子周围的人们至少已经开始发展自己的内在,来养成那些能促成真正相遇的品质。如果父母还不能像朋友一样回应青春期的孩子的话,也不要批评他们。当父母能够与孩子保持一定距离,并且看待孩子如同一个新人而不是儿时的他的时候,父母会更容易跟孩子有真正的相遇。另一方面,父母自然也想以这种方式被孩子接纳,如果真能这样的话,那就太好了。

在这个崇尚个人主义和自立的时代,特别需要拥有这种品质的人。每个人都知道"沟通"是解决问题的办法,但只有拥有这种品质的人才知道沟通中真正的秘密所在。

那些在青少年时期被真正地遇见的人,在他们今后的人生中更懂得如何遇见他人。

第十二章

停港靠岸

以后他们将会告诉你,你的坚信,还有你的自我修炼,对他们是何等重要。你将会通过持续的自省、努力来证实这一切。尤其是,你将会证实你的爱。

第十二章 停港靠岸

打开家庭相册，一张张照片陈述着我们的生命故事。追随一年年的变化，回想一下你家年龄最大的孩子进入青春期的那一刻，其他孩子又是如何随之而来，观察每个孩子身上每次所显现出来的变化如何表现在照片上，直到他们一个接一个地长到二十多岁。一个强大有力的故事就展现在你面前，就如春日临门那般地强烈和美丽。

不管你的孩子们在成长的回旋中走出去多远，他们一直都在迎接和吸收新的事物，你会感觉到下一个阶段是多么快速地向你奔来。这些照片让人回想起艰难的岁月、庆祝成就的时刻以及闲暇和团聚的时光。你见证着你的孩子身上的变化：这些照片展示了自由的迸发和承担义务的趋向，年复一年，一个新人在每个人的身上渐渐地浮现出来。

在这段你陪伴和支持他们的路上,你会感到自己作为父母的改变。然而,作为父母,你提供着这样一个宁静的中心:围绕着这个中心,孩子们开展着在新领域的各式探险。

你为你的孩子带来不同,你的陪伴至关重要,永远不要使孩子陷入被忽视、被抛弃或不被需要的感受中!以后他们将会告诉你,你的坚信,还有你的自我修炼,对他们是何等重要。你将会通过持续的自省、努力来证实这一切。尤其,你将会证实你的爱。

青春岁月是人们第一次坠入爱河的时候。

对于父母来说,这段时间正是爱的修炼期。

图书在版编目（CIP）数据

父母，与你的青春期孩子同行吧/（英）朱利安·斯雷（Julian Sleigh）著；阎微平译. —北京：华夏出版社有限公司，2022.1（2023.5 重印）
书名原文：Thirteen to Nineteen
ISBN 978-7-5222-0234-1

Ⅰ. ①父… Ⅱ. ①朱… ②阎… Ⅲ. ①青春期－家庭教育 Ⅳ. ①G782

中国版本图书馆 CIP 数据核字（2021）第 255895 号

Thirteen to Nineteen by Julian Sleigh
Copyright © 1982, 1998 Julian Sleigh
First published by Floris Books, Edinburgh
Simplified Chinese copyright © Huaxia Publishing House Co., Ltd.
All rights reserved.

版权所有，翻印必究。
北京市版权局著作权合同登记号：图字 01-2020-7616 号

父母，与你的青春期孩子同行吧

著　　者	［英］朱利安·斯雷
译　　者	阎微平
策划编辑	朱　悦　卢莎莎
责任编辑	朱　悦　卢莎莎
版权统筹	曾方圆
责任印制	刘　洋
装帧设计	殷丽云
出版发行	华夏出版社有限公司
经　　销	新华书店
印　　刷	三河市万龙印装有限公司
装　　订	三河市万龙印装有限公司
版　　次	2022 年 1 月北京第 1 版　2023 年 5 月北京第 2 次印刷
开　　本	880×1230　1/32 开
印　　张	6
字　　数	95 千字
定　　价	49.80 元

华夏出版社有限公司 地址：北京市东直门外香河园北里 4 号 邮编：100028
网址：www.hxph.com.cn　电话：（010）64663331（转）

若发现本版图书有印装质量问题，请与我社营销中心联系调换。